직장연애의 모든 것

직장연애 필수 지참서

직장연애 필수지침서

2008년 5월 30일 초판 1쇄 발행

지은이 스테파니 로지 · 히레인 올렌
옮긴이 김선희
펴낸이 남상진
펴낸곳 서강출판사

책임편집 이미경
편집 최승희
디자인 김소영
인쇄 서강총업(주)

등록 1987년 11월 11일 제11-20호
주소 413-756 경기도 파주시 교하읍 문발리 파주북시티 500-11
전화 (031)955-0711, 0712 **팩스** (031)955-0720 **전자우편** sgbooks@naver.com

ISBN 978-89-7219-278-7 03040

일원화 공급처 (주)북새통 서울 마포구 서교동 464-59 서강빌딩 6층
전화 (02)338-0117 **팩스** (02)338-7160, 7161 **전자우편** bookmania@booksetong.com

책값은 뒤표지에 있습니다

직장연애 필수 지침서

Office Mate

스테파니 로지 · 히레인 올렌 지음
김선희 옮김

길을 나서면 어디서나 커플들이 넘쳐난다. 이리 보고 저리 봐도 사방에 널려 있다. 그들은 모두 행복해 보인다. 실제로는 아닐지 몰라도 청승맞게 혼자 걷는 싱글이 보기에는 그들의 삶이 보다 활기차고 행복해 보인다.

커플들 못지않게 싱글들도 넘쳐난다. 커플이 보기엔 싱글들이 거침없고 자유로와 보인다. 커플보다 더 많은 가능성을 누리며 싱글들끼리 세력을 형성해 새로운 문화를 만들어내는 것 같다. 대체 어찌된 일인가. 싱글들은 진짜로 혼자만의 인생이 즐거운 것인가. 아니면 초라해보이기 싫어 즐기는 척 하는 건가

뉴요커인 스테파니는 대학을 졸업하자 연애의 기회가 줄어들었다. 고육지책으로 그녀는 대학 때 사귀던 남자들에게 전화를 걸기 시작했다. 예전에는 그다지 끌리지 않았거나 심지어 제 멋에 겨워 걷어차 버렸던 남자에게도 전화를 걸어 약속을 잡았다. 함께 식사를 하기로 한 날 레스토랑에서 그녀는 맞은 편 자리에서 상대에 대한 관심도 없이 연신 안경을 만지작거리거나 코를 실룩대는 남자와 저녁 식사

를 하고 있는 자신을 발견했다. 그녀는 자신이 밑바닥까지 추락했다
는 것을 깨달을 수 밖에 없었다.

그러나 한 줄기 희망의 빛은 존재했다. 직장에 아직 매력적인 싱
글들이 남아있다는 사실이었다.

직장에서 지금의 배우자를 만난 사람이 적지 않다. 점점 늘어나는
추세이다. 여성들의 사회진출이 늘면서 직장이 일뿐만 아니라 사교
의 광장까지 되어주는 것이다.

적지않은 여자들이 직장에서 남자를 만난다는 것을 쉬쉬한다. 사
신의 직장연애를 타인이 삐딱한 시각으로 쳐다볼까 두려워하기 때문
이 다.

비즈니스 전문가들은 직장에서의 관계를 냉정하게 처리하라고 충
고한다. 그들은 모두 판에 박은 듯 진부하게 이야기한다. 공과 사를
분명하게 구별하지 못하는 사람으로 낙인찍힐 수도 있고, 자칫 잘못
하다가는 직장과 명예를 모두 잃는다며 엄포를 놓기도 한다. 일의 능
률을 떨어뜨릴 뿐만 아니라 사소한 일로 꼬투리를 잡힐 수도 있다고
충고한다. 그래도 굳이 직장에서 연애를 하려면 상사와는 절대 사귀
지 말라고 신신당부한다. 부하 직원하고도 절대 안 된다고 거듭 말한
다. 직책이 다른 사람과의 관계는 위험하다고 주장한다. 절대 하지
말라는 말과 다름 없다. 무조건 하지 말라는 것이다.

커리어 전문 상담가인 바바라 레인홀드(Barbara Reinhold)는 이

와 같은 반대를 집약해서 이렇게 말했다.

"똑똑한 현대여성이라면 자신의 명성을 아주 깔끔하게 유지할 줄 알아야 합니다. 때문에 직장 안에서가 아니라 직장 밖에서 로맨스를 찾을 수 있는 시간을 남겨두기 위해, 직장에 있는 짧은 시간 동안에는 오직 일에 최선을 다해야 합니다."

직장연애는 지금 무고한 죄를 뒤집어쓰고 있다. 억울한 일이다. 실제로 배우자를 찾을 수 있는 가장 멋진 방법은 온라인도 아니고 술집도 아니고 소개팅도 아니다. 그건 바로 회사 안인 것이다.

새로운 시대인 21세기에 있어 일터는 삶에서 가장 중요한 공간이다. 이를 떠나 짧은 시간 머무는 공간에서 사람을 만나려 애쓸 필요가 없다. 직장이라는 공간에서 생활과 밀착된 사람을 만나는게 훨씬 현명한 처신이다.

"같은 직장에 다니는 사람과 데이트할 때의 장점은, 상대를 잘 알고 있기에 서로 신뢰할 수 있다는 것입니다."   – 이사벨

"비슷한 분야에 열정을 공유하면 언제나 화제가 넘쳐납니다. 그것은 첫눈에 반하는 것, 그 이상입니다."   – 테드

"우정이라든가 동료의식이 연애를 훨씬 수월하게 만들어주는 것

같습니다."   - 벨린다

배우자를 찾을 수 있는 가장 효과적인 장소는 우리가 하루의 대부분을 보내는 곳이다. 한 연구에 따르면, 직장동료와 데이트하는 사람들 중 20~40%가 '장래를 약속하는' 것으로 드러났다. 배우자를 찾는데 혹은 데이트 상대를 구하는데 가장 가능성이 높은 장소는 직장인 것이다.

이 책은 현대사회에서의 직장이 왜 '커플의 광장'이 되었는지 설명해 준다. 그리고 장래를 약속하는데 있어 직장이 얼마나 효과적인 곳인지도 보여준다. 그것들을 증명해 줄 통계자료까지 구비되어 있기에 독자들은 왜 직장동료가 가장 친한 친구이자 확실한 배우자 감인지 정확하게 깨닫게 될 것이다.

우리에게 더 이상 〈연애기술〉[1] 따위는 필요 없다. 이성과의 만남에 대해 시시콜콜 조언해 주는 다른 책들과는 달리 이 책은 결혼에 골인하기 위해 자신을 바꾸라고 요구하지 않을 것이다. 남자를 유혹

---

1) 〈The Rules: Time-Tested Secrets for Capturing the Heart of Mr. Right〉 1997년 미국에서 출간되자마자 '뉴욕타임스' 베스트셀러에 올라 장기간 정상을 지켰던 화제의 책이다. 미국에서는 이 책이 선풍적인 인기를 끌면서 'The Rules'라는 말 자체가 고유명사화 되었을 뿐 아니라, 상표 등록까지 되어 있다. 이 책에는 100년 가까이 미국에서 전설처럼 구전되어오던 단순 명쾌하고 효과적인 남녀관계의 법칙이 담겨 있다. 우리나라에서는 〈그 남자 그 여자의 연애기술〉로 번역되었다. 이 책에서는 앞으로 〈연애기술〉로 표기하고자 한다. ─옮긴이 (이하 모든 각주는 옮긴이의 각주임)

하기 위한 전략 따위도 필요 없다. 동화 속의 '해피엔딩'을 만들기 위해 억지로 고안된 장치도 없다. 이 책은 독자들로 하여금 본인의 모습을 자연스레 유지하며 인생의 한 장을 넘어서게끔 인도해 준다. 전 세대의 직장 선배들이 연애를 만류하던 바로 그 장소에서, 진정한 사랑을 찾을 가능성이 더욱 열려 있음을 알려줄 것이다.

직장은 '행복한 우연'이 일어날 수 있는 가장 멋진 무대이다. 당신이 미처 깨닫기도 전에, 직장동료 중 누군가가 당신을 마음에 두고 은근한 눈빛으로 훔쳐보고 있을 수도 있다. 그는 당신과 공통점이 없는 사람일 수 있다. 잘나지도 않고 매력도 없으며 주변머리까지 없을 수 있다. 그렇다 할지라도 곰곰이 생각해보자. 멋진 스타일로 거리를 지나가며 스치듯 눈길을 주는 남자가 좋은 배우자 감일까. 아니면 직장에서 매일 같이 당신을 훔쳐보며 남모르게 당신을 지켜주는 남자가 더 좋은 배우자감일까.

동료들의 시선이 걱정스러울 수 있다. 직장상사나 부하직원의 눈초리가 부담스러울 수도 있다. 연상연하 커플이라든가 나이 차가 많이 나는 경우 더욱 조심스러울 수 있다. 주변의 모든 사람들이 사내연애를 반대할 것이라는 선입관이 눈 앞을 막막하게 가로막을 수도 있다. 그러나 인생의 중대한 기로에서 무엇을 더 망설일 것인가.

자신의 직장이 진짜 별 볼일 없는 곳일 수도 있다. 그렇다면 데이트 상대를 찾기 위해 일을 활용할 수 있을 것이다. 거래처 사람들과 만날 수도 있고 자기 개발을 할겸 유사한 분야의 모임에 가입해 정기적으로 참여할 수도 있다. 무엇보다 좋은 방법 중 하나는 친구들의 사무실을 퇴근 무렵에 은근슬쩍 방문하는 것이다.

이 책은 독자들이 직장에서의 연애에 신중하게 접근할 수 있도록 몇 가지 제안을 할 것이다. 대부분의 사람들이 주저하며 몸을 사리는 문제에 대해 유용한 팁을 줄 것이다.

- ▶ 자신의 직장이 직장연애에 우호적인 편인가 구분하는 방법
- ▶ 직장상사나 부하직원과의 데이트는 가능한가?
- ▶ 직장연애에서 넘어서는 안 될 선은 어디까지인가?
- ▶ 직장연애가 불가피하게 깨질 경우 어떻게 할 것인가?
- ▶ 회사가 연애에 전혀 도움이 안 되는 곳이라면 이력서를 새로 써야 하는가?
- ▶ 직장연애에 성공해 부부가 된다면, 그 직장에서 계속 함께 일할 수 있을까?

이같은 의문에 대해 이 책은 나름의 답을 알려줄 것이다. 이 책의 공동 저자인 스테파니와 히레인은 진정한 짝을 직장에서 찾았다. 다른 많은 사람들도 그랬고 요즈음은 직장커플이 더욱 늘어나는 추세이다. 직장 연애는 앞으로 무궁무진하게 발전할 것이다.

1부

직장은 왜
사랑이 시작되기에
완벽한 장소인가

1장.
결혼을 위해서는 **공동체**가 필요하다.

옛날의 할머니와 할아버지는 대부분 같은 마을에 살았다. 그들은 태어나서 성인이 될 때까지 나고 자란 곳에서 배우자를 만나 결혼을 하고 자식을 낳아 길렀다. 죽어서는 마을 언저리의 흙에 묻혔다. 그들의 '마을'은 삶의 모든 곳이 이루어지던 자연스런 공동체였다.

마을에서는 서로가 서로를 알고 지냈다. 결혼 문제는 당사자들이 속한 공동체의 도움으로 해결되었다. 마을 어른들은 착실한 젊은이가 품행이 안 좋은 상대와 미숙하게 사랑에 빠지는 것을 가만 놔두지 않았다. 그들의 눈높이에서 적당한 배필을 맺어주고 그들의 미래를 주시했다. 인종과 종교가 다른 사람과는 접근조차 어렵고 신분이나 경제적 차이조차 용납하지 않았다. 저울과 자를 들고 나서기라도 한 듯 지위와 분수에 맞는 상대를 측정해 서로 균형이 잡히는 사람들끼리만 짝을 지어주었다.

예전의 결혼은 오늘날 우리가 생각하고 있는 기준과 다르다. 그렇다고 완전히 다르지는 않다. 지금도 인간은 상대에게 사회적 시선의 잣대를 들이댄다. 남녀간에 균형이 깨지면 바라보는 자들의 눈빛에 은근한 의구심이 감돈다.

할머니와 할아버지는 자신들이 배우자로 누구를 만날지 그다지 의심하지 않았다. 미래의 남편 또는 아내가 어느 초등학교에 다녔는지 어느 집안 출신인지 잘 알고 있었던 것이다. 그들은 안전한 선택을 통해 마을의 전통을 이어갔다.

예를 들어 히레인의 할머니 할아버지가 어떻게 만났는지 들어보자.

> 우리 외할머니는 과부였어요. 빠듯한 돈으로 혼자 애 둘을 키우며 힘겹게 생활했어요. 그 때 외할머니가 잘 알고 지내던 재봉사가 있었는데 그는 부인이 죽고 난 지 1년 지나고부터 자기가 우리 외할머니를 보살펴주겠다고 했어요. 외할머니가 10년 이상을 미망인으로 살아오면서 변함없는 재치와 미소를 보여준 데 감명을 받아 외할머니와 결혼하는게 괜찮다고 생각한거지요. 어려운 상황을 헤치고 두 분은 결혼했어요. 그 후로 두 분은 매일같이 팔짱을 끼고 동네를 산책했다고 하더군요. 외할머니가 평생 동안 살아온 동네를 말이에요.

혹시 〈초원의 집〉 이라는 TV 드라마를 기억하는가? 이 시리즈는 가히 '초원의 로맨스' 라 불릴 만 하다.

드라마 주인공인 로라 잉걸스는 미래의 남편이 될 알만조 와일더를 마을에서 지켜본다. 눈보라가 몰아치는 겨울 날 알만조는 위험한 날씨에도 불구하고 마을 사람들에게 곡식을 제공하기 위해 모험을 한다. 그때 로라는 알만조가 성실한 농부이자 훌륭한 인격체임을 알아본다.

　드라마가 회를 거듭하며 로라와 알만조는 더욱 자주 만나게 된다. 그 어떤 것도 의도된 것으로 보이지 않는다. 주말이 되면 알만조는 마을에서 멀리 떨어진 학교에 근무하는 로라를 집에 데려다 주면서 그녀의 마음을 얻기 시작한다. 학생들은 알만조를 '선생님의 남자친구'라고 부른다. 뺨에 가볍게 키스를 한 것 말고 둘 사이에 별다른 진전이 없어도 아이들 눈에 다 드러나 보이는 것이다. 퇴근 후 그들은 마을 근처에서 계속 마주친다. 어느 일요일 알만조는 로라와 함께 마차로 드라이브를 한다. 알만조는 로라에게 청혼을 하고 나서야 굿나잇 키스를 허락받는다. 물론 로라의 가족들에게도 허락받아야 했다. 이것이 바로 우리들의 할머니와 할아버지 세대의 결혼 스토리이다.

　지금 우리는 할머니와 할아버지 뿐만 아니라 부모가 살던 세상과도 다른 사회에서 살고 있다. 요즈음 시대 사람들은 자신이 어린 시절을 보냈던 곳에서 지금 살고 있을 확률이 낮다. 학업이나 직장문제로 이사했을 가능성이 더 높은 것이다. 태어나거나 어린 시절을 보낸 마을에 살고있지 않은 한 십중팔구 옆집에 누가 살고 있는지 제대로 알지 못할 것이다. 모르는 것이 당연하다. 일하느라 바쁜데다가 관심도 없기 때문이다.

  1950년대 초반, 오하이오의 콜럼버스에서 결혼증명서를 신청했던 400쌍을 조사한 결과, 이들 중 54%가 처음 데이트할 당시 서로 20분 내의 거리에 위치한 곳에 살고 있었던 것으로 밝혀졌다.

요즘 사람들은 깨어 있는 시간의 대부분을 직장에서 보낸다. 조사에 의하면 직장인들 중 40% 이상이 일주일에 50시간 넘게 회사에서 일한다. 공동체의 해체에 대한 연대기인 베스트셀러작 〈볼링 얼론(Bowling Alone)〉에도 나와있다. 책의 저자인 로버트 푸트남(Robert Putnam)은 1965년에서 1995년 사이 사람들이 친구 집에 놀러가거나 공식적인 파티에 참석하면서 보내는 시간이 절반 정도로 줄어들었음을 알려주었다. 이제 우리는 언제 어디서 누구를 만날 수 있겠는가? 우리의 공동체는 어디인가?

직장동료들은 우리의 일상적인 삶을 가족들보다 훨씬 더 정확하게 알고 있다. 직장 상사의 부인은 자기 남편의 세일즈 실적이 월등하다는 걸 모를 수 있다. 그러나 동료들은 알고 있다. 그 외에 다른 비밀도 알고 있다. 집이라는 공간은 다른 집과 단절되어 있지만 직장은 다른 부서와 순환통로가 마련되어 있는 것이다.

연말연시 휴가를 외국에서 보내고 돌아오면 떨어져 사는 가족이나 친구들 중에는 모르는 사람이 있을지 몰라도 직장동료들은 거의 다 알게 된다. 직장 동료는 우리가 점심시간에 무얼 먹고 주말에 무슨 옷을 입었는지 알고 있다. 지난 밤 무슨 프로그램을 보고 노래방에서 무슨 노래를 불렀는지도 알고 있다. 직장동료들은 지난 여름에 내가 어디서 휴가를 보냈는지 다 알고 있는 것이다.

직장동료들에게는 완벽하게 숨길 수가 없다. 그 누구보다도 많은 시간을 함께 하기 때문이다. 직장동료들은 옆자리 동료가 업무나 인간관계로 힘들어하는 모습을 늘 지켜보게 된다. 아침 일찍부터 저녁 늦게까지 서로를 보기 때문이다. 처음 승진했던 날도 두 번째 승진에서 미역국을 먹었던 날도 그들은 지켜보았다. 직장 동료야말로 먹고 사는 문제를 해결하는 공동체의 직접적인 구성원이다. 직장은 이제 하나의 마을이나 다름없다.

예전의 마을에서 그랬듯 이제는 사람들이 생존을 유지하기 위해 직장으로 모여든다. 잠과 휴식을 위한 거주지만 다른 공간에 마련해놓을 뿐이다. 그리하여 직장이라는 마을에서 사람들은 서로를 지켜본다. 옛날의 마을에서 소문을 통해 훌륭한 행동을 칭송하고 나쁜 행동을 몰아냈던 것처럼 오늘날은 사무실 주위의 소문이 똑같은 역할을 한다.

직장 내 로맨스는 구시대의 유물일까?

직장으로 옮겨온 것은 마을만이 아니다. 호기심 어린 시선들도 함께 따라왔다. 사랑과 로맨스는 이제 참견하기 좋아하는 동료들이 지켜보는 가운데 이루어지고 있다. 마을에서 꼬치꼬치 캐묻던 이웃의 역할을 이제는 직장동료들이 대신한다. 이곳에는 나름의 규칙이 있다. 무법천지의 개척지에 해당하는 인터넷과는 아주 다른 영토이다.

직장에는 소개팅과 즉석 만남 같은 것이 없다. '천천히 그리고 꾸준하게'가 직장에서의 규칙이다. 예전의 마을에서 처녀 총각이 사귀던 형태와 비슷하다. 그런데 할머니의 친구들이 할머니에게 '동네 총각과 사귀다가 결혼하지 않으면 소문만 나빠지니 아예 마주치지도 말라'고 했다면 어떻게 되었을까 싶다. 아버지와 삼촌들이 집안 처녀들의 신랑감을 구하기 위해 말을 타고 황량한 사막을 가로질러 전통과 문화가 다른 남자를 데려다가 결혼식을 올리게 하고 섣부른 기미만 보이면 새신랑을 총으로 쏘아 죽여버렸을지 모른다. 남자들 세계에서 낯선 인물은 적이나 다름없이 끊임없는 경계의 대상이기 때문이다.

생각해 보면 끔찍한 일이다. 마을 사람들의 소문이 두려워 다른 마을에서 남편감을 구해온다면 서로 이질적인 문화를 딛고 서로에게 적응하는데 엄청 오랜 시간이 걸릴 것이다. 그 와중에 벌어질 일은 한낱 말뿐인 소문에 비한다면 아무 것도 아닐 것이다.

서로 가까이에서 자랐다는 것, 데이트하기 전부터 알고 지냈다는 건 좋은 일이다. 서로 비슷한 문화를 지니고 비슷한 교육을 받았을 경우 서로의 친밀감이 높아진다. 무엇보다 믿을 만하고 안전하다. 신뢰를 바탕으로 연애감정을 쌓아갈 수 있는 것이다. 이것은 사무실에서의 만남이 가진 장점이기도 하다.

인터넷이 최고라고 말하는 사람도 있다. 물론 인터넷이 만남과 이별의 새로운 영역이 되어가고는 있다. 그러나 인터넷은 익명성의 매혹만큼이나 맹독을 품고 있다. 아직은 위험한 공간인 것이다.

인터넷은 우리에게 무한한 가능성을 제공해 준다. 그러나 그곳은 결코 우리가 꿈꾸는 현대적 공간이 아니다.

우선적으로 짝짓기 사이트를 보자. 언뜻 보기에 인터넷은 최고의 짝을 발견할 수 있는 더할 나위 없는 광장처럼 보인다. 인터넷에서는 친구와 가족에게 장래의 짝을 찾아달라고 부탁할 필요가 없다. 원하는 상대방의 나이와 직업을 광범위한 범위에서 마음대로 고를 수 있다. 더군다나 이 모든 것을 집 안에서 마우스 클릭으로 편안하게 찾을 수 있다.

짝짓기 사이트에 가입해서 누군가를 골랐다. 그에게 이메일을 보내고 답장을 받았다. 메일을 통해 그와 잘 맞는다고 느낄 수 있다. 그래서 그 사람을 직접 만나보고픈 마음이 들었다. 설레이는 가슴을 안고 약속장소에 나갔더니 꿈에 그리던 인물은 나오지 않았다. 대신 키가 작고 말주변이 없는 대머리의 남자가 날씬하고 아리따운 여인을 기다리고 있다면 어떻게 하겠는가?

서로에 대한 기대치가 높아 꿈이 산산조각 나기 일보직전인 상황에서 망설임은 더욱 커질 것이다. 잠깐 커피 한잔 마시고 일어설 수도 있고 실망감 때문에 아예 모른체 해버릴 수도 있다. 비록 잘생기지는 않았어도 아침마다 똑같은 미소를 보여주는 옆자리의 동료가 그리워질 수도 있다.

인터넷을 무작정 비난하는 것은 아니다. 모든 증거는 그와 정반대이다. 인터넷 천국에서 짝을 찾는 일은 어렵지 않다. 단지 인터넷은 우리가 기대하는 마을이 아니라는 것을 말하고 싶을 뿐이다. 확실한 검증의 과정을 거치지 않았기에 지속적인 인간관계의 안정감을 기대할 수 없는 것이다.

직장동료들과 잘 어울리면 대학 동창들처럼 데이트 상대의 광범위한 인맥을 형성할 수 있다. 직장 동료들은 비슷한 문화를 공유하고 있고 서로의 배경이 어느 정도 검증된 상태이기도 하다.

직장 동료는 서로 엇비슷한 열정을 지니고 있기에 같은 분야, 같은 직장에서 일하고 있는 것이다. 이제 막 졸업한 학생들은 대학이라는 안락한 보호막에서 벗어나 넓은 세상 속으로 방출되었다. 사무실은 대학 특유의 보호막을 성인의 삶으로 확장시켜 준다. 그리고 삶의 동반자를 찾는 문제에 있어 보호막이라는게 결코 나쁠 리 없는 것이다.

회사는 보호막이 아니라 치열한 경쟁의 장입니다.

당신이 다니는 사무실은 도대체 어디인가요? 내 직장은 날 보호해 주지 않아요. 그곳은 자객(刺客)들로 넘쳐나는 추잡한 곳입니다. 직장동료들은 너무 바빠서 내게 다가와 데이트 신청할 엄두도 내지 못하고 있답니다.

직장을 생존 경쟁의 야시장으로 보는 사람들이 많다. 직장의 특성상 그런 면이 없을 수 없다. 비록 먹고 먹히는 경쟁의 장이라고 해서 동료를 이성친구로 사귈 수 없는건 아니다. 로맨틱한 관계는 전쟁터에서도 피어날 수 있다. 하물며 일을 하고 돈을 벌어 생활을 꾸려갈 기틀이 되어주는 직장이 다소 경쟁적이라 해서 연애를 못할 정도는 아닌 것이다. 그렇게 따지자면 로스쿨도 경쟁적인 장소이기는 마찬가지이다. 그런데 로스쿨에서 이성교제가 불가능하다고 말하는 사람은 없다. 그런 말은 결코 들어보지 못했다. 오히려 빌과 힐러리 클린턴을 비롯해 무수한 지도층 인사들이 로스쿨에서 공부하며 천생연분을 만났다. 약간의 경쟁심 속에서 서로를 이끌어주며 사랑도 일구어낸 것이다.

다니엘의 경우를 보자. 그녀가 LA의 일류 로펌에 합류했을 당시, 그녀는 남자친구를 구하고 있지 않았다. 이미 애인이 있었기 때문이다. 오래 전 캘리포니아에 있는 로스쿨에 가기 위해 텍사스를 떠나기 전부터 사귀었던 애인과 그녀는 여전히 만나고 있었다.

그런데 로펌에 제이크가 있었다. 제이크는 그녀의 업무 파트너였다. 그녀는 제이크와 함께 일을 하며 법률 서류더미 속에서 늦은 저녁시간과 긴 주말을 수없이 보냈다. 그 사이 그녀보다 한가한 남자친구에게 새 여자가 생겼다.

상심한 다니엘은 한동안 데이트를 하지 않았다. 그녀가 다시 시작하기까지는 시간이 필요했다. 가까이서 일하며 다니엘의 근황을 잘 아는 제이크는 어느 날인가 다니엘에게 접근했다. 그녀에게 저녁을 사겠다고 한 것이다. 두 사람은 식사를 하고 술을 마셨다. 프로젝트를 끝마친 날 제이크는 그녀를 집에까지 바래다 주었다.

그날 이후로 그들은 본격적으로 사귀게 되었다.

직장에서 커플이 된다고 지금 당장 같이 잠자리에 들라는 뜻은 아니다. 영원한 반쪽을 찾고 있는 사람들은 보다 신중하게 행동하는 습성을 지니고 있다. 사례에도 나와 있다.

1990년대 미국인들의 성 습관을 연구한 조사에 의하면 만난 지 한 달 이내에 잠자리를 같이 한 커플들 중 오직 10%만이 결혼에 골인했다. 1년 이상을 기다린 커플들은 50%가 결혼서약을 했다. 직장에서 서로에 대해 알게 되었을 때 당신이 어떻게 행동해야 하는지 지침이 되어주는 연구 결과인 것이다.

사무실이 새로운 공동체, 즉 현대적 의미의 '마을'이 되었으니 거기서 짝을 찾으라고 말하는 것이 아니다. 사실 그 이상을 말하고 있는 것이다. 사무실은 새로운 공동체로서 너무나 멋진 기능을 하고 있기 때문이다.

낡은 공동체, 즉 혈육으로 이루어진 촌락과 같은 공동체는 결혼에 커다란 도움을 줄 뿐만 아니라 결혼생활을 원만하게 유지하는데도 엄청난 도움을 준다. 술집에서 만난 누군가와 결혼한다면, 또는 인터넷에서 만난 누군가와 결혼한다면, 술집과 인터넷이라는 세계는 그냥 말없이 그대로 남아 있을 것이다. 조언과 중재의 역할이 불가능한 세계로 말이다. 그러나 배우자와 친구들이 서로 아는 사이라면, 그리고 상대의 친구들과 자신이 서로 아는 사이라면 다를 수밖에 없다. 이들은 친한 커플에게 무슨 일이 일어나고 있는지 지대한 관심을 갖는다. 둘 사이가 삐걱거리면 추억을 상기시키고 관계를 복원시키려 들 것이다. 누가 부여하지 않아도 중재자의 역할을 자청할 것이다. 과거의 공동체가 그렇게 했던 것처럼 말이다.

직장에서 연인을 만나면 당신이 밖에서 누군가를 만났을 때 저지를 수 있는 실수를 막아줄 수 있다. 가까운 장소에서 일하는 것은 서로 상대방의 좋은 점뿐만 아니라 나쁜 점까지, 그리고 추한 모습까지 (또는 더러운 모습까지) 알고 있다는 것을 의미한다.

직장이 우리의 소중한 시간 대부분을 보내기에 괜찮은 장소라면, 그곳은 짝을 찾기에도 충분히 괜찮은 장소이다. 직장인들 대부분이 이에 동의할 것이다. 그것은 얼마든지 증명이 가능하다.

2005년 영국에서의 연구에 의하면, 직장인들 중 70%가 직장에서 만나는 누군가와 어떠한 형태로든 관계를 갖고 있다고 한다. 직장인 30%는 인생의 동반자를 직장에서 만났다고 말했다. 미국의 한 커리어 관련 출판사에서는 이 수제에 대해 일 년에 한 번씩 조사를 실시하고 있다. 결과는 영국과 비슷했다. 2007년 조사에 의하면 거의 50%에 이르는 응답자들이 직장 동료와 교제해 본 경험이 있고 다섯 명 중 한 명은 상사와 데이트를 하고 있었다.

Careerbuilder.com 또한 일 년에 한 번씩 직장연애에 대해 조사하고 있다. 최근의 통계를 보면 출판사의 조사와 마찬가지로 절반 정도의 직원들이 동료와 데이트 했음을 인정했다. 이들 직장커플 중 1/3은 결혼에 골인했다.

임원들 역시 자신의 사무실로 날아와 박히는 큐피드의 화살을 피하지 못했다. 2003년 미국 경영학회는 임원들 중 30%가 직장연애의 경험이 있다고 시인했다. 이들 중 44%가 결혼에 성공했다.

2장.
직장공동체는 어떻게 만들어지는가

도시가 생기기 이전의 마을에는 중매쟁이가 있었다. 오래 전 마을에서의 삶은 오늘날 우리의 삶과 달랐다. 마을은 안정적인 곳이었다. 새로이 들어오고 나가는 사람이 많지 않았기에 사람들은 서로에 대해 잘 알고 지냈다. 따로 직장을 구해 마을 밖으로 나갈 필요 없이 마을 안에서 농사를 짓거나 목수나 철공 등의 기술을 사용하고 장사를 했다. 모험을 떠나고 싶어 하는 젊은이들은 전쟁이 일어나기를 기다렸다.

마을에서의 위치와 지위는 대체로 물려받은 것이었다. 지위가 장원의 영주라면 삶이 근사하고 멋졌을 것이다. 반면 영주가 살고 있는 저택의 바닥이나 청소하는 하인이라면 결코 괜찮다고 할 수 없을 것이다. 당시는 신분 상승의 통로가 꽉 막혀 있었다. 하지만 큰 죄를 짓지 않는 한 마을에서 사람을 내쫓지는 않았다. 인생의 동반자를 찾는 문제도 이것과 별반 다르지 않았다.

옛날에는 생존과 아이양육이 너무나 절박한 문제였기에 당사자 스스로 가족이 될 배우자를 찾게 내버려두지 않았다. 제 분수도 모르고 이루지 못할 사랑에 빠져 바보처럼 허우적거리는 어린 양이 있다면 가문의 사람들이 못 본 척 내버려두지 않았던 것이다. 더욱이 결혼은 안정적인 경제 단위를 형성하는 문제와 관련되어 있다. 아주 기본적인 생산의 단위, 혹독한 추위와 너무나도 거친 세상에서 생존하기 위해 가족들끼리 힘을 합칠 수 있느냐가 중요한 문제였던 것이다. 그 시절에는 온 집안 사람들이 모두 힘을 모아야만 갑작스런 태풍이나 들소떼의 공격을 물리칠 수 있었다. 그런데 가족 간에 화합이 불가능한 인물을 자식이 사랑에 빠졌다는 이유로 받아들일 수는 없는 것이다.

영화 〈지붕위의 바이올린(Fiddler on the Roof)〉 또는 〈헬로 돌리(Hello Dolly!)〉[2]에 나오는 중매쟁이의 모습을 떠올려보면 당시의 중매쟁이들이 요즈음과는 다르다는 것을 알 수 있다. 중매쟁이들은 결코 로맨틱한 감정에 기초해 두 사람을 맺어주지 않았다. 상대의 경제적 전망, 가족적인 배경, 신부의 지참금, 그리고 두 남녀의 일반적인 성품에 초점을 맞추었다. 그들은 성공적인 파트너십을 만들어내기를 원했다.

그렇다면 회사는 어떤가?

회사는 구직자들의 배경을 살펴본다. 조상의 혈통이 어떤지, 할머니 할아버지가 누구인지에는 큰 관심을 두지 않지만 어느 학교를 나오고 무슨 공부를 했는지 업무수행 능력은 어떠한지 평가한다. 복잡하고 치열한 사회에서 살아남을 기본 능력을 살펴보는 것이다. 또한 회사의 문화에 적합한지 알아보기 위해 면접을 실시하고 성품과 관

---

2) 1890년 뉴욕을 배경으로, 사람들의 문제를 풀어주는 지혜로운 해결사이지만 정작 자신은 너무나 외로운 중매쟁이 돌리의 이야기가 펼쳐진다. 바브라 스트라이샌드가 남편이 세상을 떠난 뒤 혼자 살아가는 돌리 역을 했다.

심사항도 알아낸다. 신용정보도 꼼꼼히 체크한다. 이것은 오늘날의 지참금에 해당한다고 할 수 있다. 그렇게 해서 점수가 기준치보다 지나치게 낮거나 높으면 채용하지 않는다.

회사는 능력있는 팀을 구성하기 위해 다양한 방법으로 선별 작업을 한다. 그 결과 회사는 공통의 관심, 비슷한 견해, 그리고 유사한 배경을 가진 직원을 채용하게 된다. 업무에 대한 관심과 능력은 자연스레 직장동료들 사이에 공통점을 부여해 준다.

> 회사는 오직 업무능력에만 신경 쓴답니다.
>
> 회사가 사람들을 제대로 선별한다고요? 내가 다니는 회사는 오직 한 가지 일에만 관심을 갖고 있어요. 그건 바로 일하는 능력입니다. 결코 함께 어울려 노는 능력이 아니란 말입니다. 직장에서 연애를 하는 것은 일에 방해가 될 뿐이에요.

이렇게 말하는 사람도 있다. 물론 회사는 짝짓기를 위해 사람을 뽑는 곳이 아니다. 그렇지만 능력있는 사람들을 불러모으다 보니 본의 아니게 로맨틱한 관계에도 어울리는 사람들을 한자리에 모이게끔 만든 것은 사실이다.

회사의 노력이 가져온 결과는 같은 목적을 지닌 비슷한 사람들끼리의 공동체를 형성하게 된 것이다. 직원들은 깨어 있는 시간의 대부분을 동료들과 함께 호흡한다. 회사가 이렇게 유사한 사람들을 불러 모았는데 무엇 때문에 중매쟁이가 필요하겠는가

회사가 훌륭한 만남의 장소일 수 밖에 없는 이유

▶ 회사는 증명서를 검토한다. 생년월일과 주소지 등의 신원사항을 확실하게 확인해 두는 것이다.

▶ 회사는 이력서를 조회한다. 상대가 진짜 명문대를 나왔는지 분명하게 알 수 있다.

▶ 회사는 신용평가를 중시한다.

▶ 회사는 신입사원이 회사에 빨리 적응할 수 있도록 오리엔테이션과 실습기간을 제공한다.

이 시점에서 명확히 할 게 하나 있다. 회사에 출근한 첫 날 곧바로 미래의 사랑을 찾아서는 안된다는 것이다. 사무실에서는 천천히 자연스럽게, 빙하가 녹듯이 서서히 서로에게 다가가야 하는 것이다. 직장에서의 로맨스는 상대가 미처 알아차리지도 못하는 사이에 이루어져야 한다.

일반적으로 사무실에서 함께 근무하는 동료들 사이에는 술집에서 어울려 술을 마시는 사람들보다 공통적인 요소가 훨씬 더 많다. 술집에 있는 사람들에게 공통적인 요소는 그들이 편안하게 느끼는 곳에서 술을 마시고 싶어 한다는 것뿐이다. 마크가 아멜라를 만났을 때를

들여다보면 더 자세히 알 수 있다.

자판기 고백 

회사가 연애에 미치는 역할

신입사원 선발과정은 매우 중요하다. 구직자가 입사서류를 제출하는 것은 21세기 중매쟁이를 찾아가는 것과 흡사하다고 할 수 있다.

취업 지망생들은 규격화 된 시험을 치른다. 점수가 낮으면 그것으로 끝이다. 피 말리는 5분간의 면접시험도 통과해야 한다. 회사는 이렇게 비슷한 배경을 지닌 사람을 끌어모은다.

회사는 퇴근 후 회식자리까지 마련해 주는데, 그것은 각별한 만남의 시작이 될 확률이 높다. 회식자리에서 술을 한 잔 마시고 서로를 위해 택시를 잡아주거나 집 앞 까지 바래다주면서 자연스럽게 로맨스가 꽃피게 되는 것이다.

큐피드의 역할을 하고 있는 수많은 회사들

1. 내셔널 퍼블릭 라디오(National Public Radio) : 60명 이상의 지윈들이 사내 결혼에 골인했다.

2. 제넨텍(Genentech) : 실리콘 밸리에 위치한 바이오테크 회사. 사내 커플이 너무나 흔해서 그들에게 '유전자 커플' 이란 별명이 붙었다.

3. 옥시젠(Oxygen Media) : 사내 커플이 많은 회사 중 하나로 이곳 사람들은 직장에서의 로맨스 결과로 태어난 아이들을 '산소 베이비' 라고 부른다.

4. 사우스웨스트 항공사(Southwest Airlines) : 포춘500에 속하는 기업으로 약 1,200 쌍 이상의 사내커플이 있는 것으로 추정된다. 이는 32,000명의 직원들 중에서 2,400명이 직장에서 애정을 키워왔다는 뜻이다. 이처럼 사내커플들의 숫자가 엄청나게 많은 데에는 회사의 채용과정도 일조를 하고 있다.

"당신이 낮 시간의 대부분을 한 곳에서 보낸다면 그곳에서 일이 일어날 수 밖에 없다.”

이는 사우스웨스트 항공사의 인사담당 매니저인 팜 앤더슨(Pam Anderson)의 말이다.

회사 사람들이 획일적으로 직장연애를 반대하고 있다는 것은 잘 못된 생각이다. 몇몇 기업들이 여전히 직장연애를 반대하고 있기는 하나 그렇게 많지는 않다. 회사 임원들도 인간이기에 직원들이 로봇이 아니라는 것을 이해하고 있는 것이다. 그들의 최고 관심은 직원들이 주어진 업무를 깔끔하고 완벽하게 해내고 있는가이다. 회사는 직원이 사무실에서 연애를 하느냐 안하느냐가 아니라 직원이 그같은 문제에 어떻게 처신하고 있느냐에 더 관심이 많다.

사우스웨스트 항공사의 팜 앤더슨은 이런 말도 했다.

“우리는 우리 직원들 사이의 관계를 활짝 열어두고 있습니다. 우리는 결코 그것이 잘못되었다고 생각하지 않아요.”

직장에서의 연애가 회사에 이익이 될까?

직장연애가 당사자들에게만 좋은 것은 아니다. 당사자들뿐만 아니라 회사에도 유용하다는 것을 나타내는 조사 결과가 있다.

직장에서 누군가와 사랑에 빠진 사람의 경우, 직장에 대한 열정이 이전보다 훨씬 증가한다는 것을 보여주는 증거가 적지 않다. 사랑에 빠진 사람의 일상은 행복감에 사기가 충천한다. 창조력과 창의력, 문제해결 능력은 쑥쑥 향상된다. 생산성이 향상되는 것은 물론 회사에 대한 충성도도 올라가고 마음가짐 또한 긍정적으로 바뀐다.

몬태나 주립대학교 심리학 교수인 찰스 피어스(Charles Pierce)는 직장인의 에너지를 연구해 온 학자이다. 그는 직장연애에 대해 이렇게 말했다.

"직원들은 때때로 로맨틱한 에너지를 직무로 연결시킵니다. 그들은 열정과 에너지를 자신이 하고 있는 업무에 불어넣습니다."

2006년의 한 조사에 의할 것 같으면 회사의 중역들 중 5% 이하만이 직장연애가 금지되어야 한다고 주장한다. 이 말은 대부분의 회사는 직원들의 데이트에 대해 지나치게 우려하지 않는다는 뜻이다. 단지 9%의 회사만이 사무실 애정관계에 대해 포괄적이고 일률적인 금지규정을 두고 있다.

그렇다고 회사가 까다롭지 않다는 것은 아니다. 호의적인 회사라 할지라도 직장연애에 대해 유난히 주의하지 않을 수 없는 것이 하나 있다. 그것은 바로 상사와 부하직원이 사귀는 문제이다. 이 관계는 상황이 꽤나 복잡하기에 뒷부분에서 자세하게 다루도록 하겠다.

3장.

직장연애의 **법칙**

지난 10여년 간 남녀관계 조언 서적들 중에서 가장 뜨거웠던 책은 〈그 남자 그 여자의 연애기술〉(The Rules: Time-Tested Secrets for Capturing the Heart of Mr. Right)〉이었다. 이 책은 독자들에게 신랑감을 구하는 방법을 설파하고 있다.

〈연애기술〉의 저자는 여자들에게 남자의 맘을 아주 애태워야 한다고 강조했다. 여자가 남자의 마음을 달아오르게 하려면 먼저 전화를 걸어서는 안 된다고 했고 남자가 관심을 드러낼 때마다 바쁜 척 하라고 알려주었다. 이런 모습이 남자의 사냥본능을 자극해 적극적으로 사냥에 나서도록 고무시킨다고 알려주었다. 이같은 '연애기술'은 여성 차별적이고 무례하고 모욕적이었다. 그럼에도 불구하고 '연애기술'은 엄청난 독자들의 관심을 받았다.

이유가 무얼까? 적지않은 대답을 나열할 수 있겠지만 그 중 가장 대표적인 것은 '도달하기 어려운 것'에 도달하려는 욕망 때문이라 할 수 있다. 인간은 쉽게 얻을 수 있는 것에 큰 가치를 부여하지 않는다. 극소수의 사람들만이 사소한 것에도 감사하고 만족해 하며 살아간다. 그루초 막스(Groucho Marx)[3]의 말을 떠올려 보면 이해가 될 것이다.

"나를 회원으로 기꺼이 받아들이려는 클럽에는 들어가고 싶지 않다."

이 말은 남녀관계에도 그대로 적용된다.

수많은 직장커플들과 인터뷰하는 과정에서 몇 가지 주제들이 반복적으로 되풀이되는 걸 발견했다. 아주 많은 커플들이 이 문제를 언급했다. 한쪽은 처음부터 로맨스에 열성인 반면 다른 한쪽은 그렇지 않다는 것이다. 대부분의 경우 관심을 갖고 달려든 쪽은 남자였다. 반면 여자는 일정한 거리를 유지했다. 수개월 동안, 심지어 몇 년 동안 그렇게 진행되었다. 남자는 줄곧 쫓아다녀야 했다. 여자는 버티며 시간을 기다렸다. 결과는 성공이었다.

이같은 면에서 볼 때 직장은 〈연애기술〉의 완벽한 실험장이다. 〈연애기술〉과 반대로 해도 성공할 수 있다는 것을 발견하게 되기 때문이다. '연애기술'을 따르지 않고도 얼마든지 제대로 해나갈 수 있다. 그러므로 지금부터 단순한 '연애기술'이 아니라 '진정한 연애법칙'에 대해 설명해 보겠다. 이것은 '연애기술'에 대한 반명제(反命題)라 할 수 있다. 몇몇은 특정한 '연애기술'에 반하고 몇몇은 '연애기술'을 통째로 반박할 것이다. 아래의 첫 번째 법칙처럼 말이다.

---

3) 미국 슬랩스틱 코미디 배우이자 작가, 시나리오 작가.

남자가 제 아무리 호르몬에 이끌린다 할지라도 아무 생각없이 멍청하지는 않다. 〈연애기술〉에서 말하는 것과 달리 남자들은 상대의 의도를 정확히 읽을 줄 안다. 여자들보다 단순하기는 하나 그렇다고 남자들이 반드시 여자들의 대본대로 움직이지는 않는다.

이성을 유혹하기 위해 가면을 쓰고 직장생활을 하는 것은 위험하다. 가면 속의 얼굴은 얼마 지나지 않아 들통나게 된다.

직장에서는 가면의 도움 없이 사람을 상대해야 한다. 고민에 처할 경우에도 마음을 감추는 것만이 최선은 아니다.

▶ 경력에 오점을 남기고 싶지 않다.

▶ 그 남자와 은근히 경쟁하고 있다.

▶ 둘 사이가 깨진다면 어떻게 될지 진지하게 걱정하고 있다.

▶ 상대가 내 타입이 아닌 것 같다. 그는 어딜 가도 첫눈에 필이 꽂힌 상대가 아니니까.

▶ 그는 단짝친구다. 편안하고 좋은 우정을 연애감정 때문에 깨고 싶지 않다.

위에서 말한 것 중 나쁜 것은 없다. 직장에서 누군가와 묘한 감정을 지닌 사람이라면 누구나 할 수 있는 고민거리이다. 그렇다면 이를 어떻게 극복하고 진실하게 서로에게 접근하느냐의 문제가 남게 된다. 앤드류와 엘리스의 경우를 참고하도록 해보자.

자판기 고백 

"전국 음악경연대회에서 수상할 당시 엘리스를 만났습니다. 내가 받은 상은 '최고 연주상' 이었습니다. 인간관계에 보다 능숙했던 엘리스는 내게 상담자가 되어주었습니다. 자기 PR하는 방법을 비롯해 제게 부족한 여러 가지를 가르쳐 주었어요. 그녀는 20대였고 똑똑하고 아름다웠어요. 나는 첫눈에 '이 여자가 내 여자' 라는 깃을 알아보았어요. 나는 계속해서 여러 가지 핑계를 대며 그녀의 사무실을 찾아갔어요. 물론 정당한 이유들이었지요. 그녀의 직원들도 내 감정을 어렴풋이나마 알게 되었죠. 그래서 내가 사무실로 전화하면 곧장 그녀에게 연결시켜 주었어요. 하지만 엘리스는 달랐어요. 내가 그저 그녀의 충고를 듣고 싶어 할 뿐이라고만 생각했어요. 몇 달 후 용기를 내어 그녀에게 저녁식사를 하자고 했는데 그녀가 얼떨떨해 하더군요. 그녀는 약속장소에 나오기는 했어요. 하지만 음악가와 데이트 하지 않을 거라고 분명하게 선을 긋더군요. 같은 분야에서 일하는 사람과 사귀게 되면 불행해질 거라면서. 그녀는 우리가 일 때문에 스트레스가 심해지면 한 사람이 먼저 돌아설 거라고 했어요. 난 그녀의 심정을 충분히 이해한다고 말했어요. 하지만 포기하지는 않았죠. 그녀의 사무실 직원들은 든든한 후원자로 내 전화를 즉각 연결해주었어요. 그녀도 나를 피하지는 않았어요. 어느 날 그녀에게 반 정도 완성된 곡을 보내고 그녀가 마음을 열어주면 곡을 완성할 수 있다고 말했지요. 마침내 우리와 함께 작업하던 동료가 우리 둘을 위해 저녁식사 자리를 마련해 주었어요. 우리 둘만의 자리라는 것을 비밀에 부치고 그녀를 불러내었지요. 내가 억지로 동료들에게 그렇게 해달라고 졸랐던 적은 한 번도 없었어요."

〈연애기술〉의 중점 내용은 내숭을 떨어가며 연애사업의 속도를 늦추는 것을 목표로 했다. 그러나 이는 지난 세기의 연애사업에 불과할 뿐이다.

〈연애기술〉에서는 데이트 시작 단계시 상대를 일주일에 한 번 또는 두 번 이상 보지 말라고 알려준다. 스킨십은 최대한 천천히 하고 무엇보다 인내심의 바닥이 드러날 정도로 천천히 침대로 향하라며 내숭의 단계가 차근차근 나열되어 있다. 그러나 새로운 세기의 대세인 직장연애에서는 그럴 필요가 없다.

이제 막 꽃을 피우기 시작하는 커플들에게 전화를 하느니 마느니, 얌전히 기다리라느니 나서라느니 하는 건 가식적인 관계의 출발을 부추길 뿐이다. 직장이란 곳은 자신이 홀딱 반한 사람과 같은 공간에서 하루종일 근무하며 수시로 얼굴을 마주치는 장소이다. 만나지 못해 애태울 필요 없이 일하는 매순간 짜릿함을 경험하게 되는 공간인 것이다.

옛날의 마을 공동체가 지닌 최고의 장점은 커플이 함께 일하며 많은 시간을 보낸다는 것이었다. 사람들은 그 과정에서 서로에 대해 알게 되었다. 서로에 대해 알고자 애써 노력하지 않아도 자연스럽게 알게 되는 것이다. 지금은 직장이 바로 그런 곳이다.

최근의 연구에 의할 것 같으면, 직장연애의 22%가 프로젝트를 함께 진행하는 중에 시작된다고 한다. 15%는 초과 근무시간에 사랑이 싹트는 것으로 밝혀졌다.

어떤 사람이 위기상황을 잘 헤쳐 나갈 수 있는지 어떻게 알 수 있을까? 마감시간을 어떻게 마무리해 나가는지 보면 어느 정도 짐작할 수 있다. 묘하게 부담스런 자리에서 자연스런 태도로 분위기를 풀어주는 사람은 더욱 인상적일 수 있다.

오랜 시간을 함께 보내지 않고는 도저히 알아낼 수 없는 상대방의 장점을 직장에서는 발견하기 쉽다. 병원 레지던트인 로레인과 스티브가 바로 그 경우이다.

자판기 고백 

"스티브와 나는 모두 레지던트였습니다. 그는 1년차였고 나는 3년차였지요. 우리는 같은 병원에서 일하며 일주일에 3일 내지 4일에 한 번씩 야간근무를 섰어요. 36시간 교대근무로 팀은 서로 달랐는데 야간근무는 종종 겹쳤어요. 스티브에 대해 생각나는 첫 번째 또렷한 기억은 동료들의 점심으로 딤섬이 들어 있는 상자를 들고 복도를 지나가는 모습이었어요. 우리는 퍽 힘들게 일했기에 조금이라도 잠을 더 자는 게 무엇보다 중요했죠. 그런데 스티브가 밖에 나가 음식을 사들고 들어온다는 것은 잠자는 것을 포기했다는 것을 의미하는 것이었지요. 나는 혼자 생각했어요. '괜찮은 남잔데…….' 우리가 환자들에 대한 진료보고서를 작성할 때, 스티브가 피아노를 배웠다고 말하더군요. 그래서 내가 피아노 연주하는 모습을 보고 싶다고 했더니 그가 다음 번 야간근무 시간에 악보 하나를 들고 나타나더군요. 그러고는 나를 병원 강당으로 데리고 갔어요. 대략 새벽 3시쯤이었을 거예요. 사실 우리는 고양이 토막잠이라도 자야 했어요. 그럼에도 불구하고 그의 연주를 듣는 것이 너무나 큰 기쁨이었죠. 그때였어요. 경비아저씨가 들어와서 그 시각에 거기 있으면 안 된다고 타박하더군요. 그 일이 있고 얼마 지나지 않아 친구 한 명이 내게 심포니 오케스트라 연주회 티켓을 주었어요. 그 친구는 꼭 가고 싶었지만 갑자기 약속이 생겨 못 간다고 하더군요. 나는 스티브와 함께 가고 싶었는데 말을 꺼내기가 너무 부끄러웠어요. 그걸 알고 내 친구가 대신 스티브에게 얘기해 주었지요. 그것이 우리의 첫 번째 데이트였어요. 지금 우리에겐 아이가 2명 있어요. 결혼한 지는 19년 되었답니다."

좋은 짝을 만나기 위해서는 오랜 시간 상대방에게 서로가 노출되어 있어야 한다. 이것은 아무리 강조해도 지나치지 않을 만큼 중요한 전제이다. 그런데 요즘은 장래의 파트너를 정하는데 첫인상이 좌우되는 경우가 많다.

리비 코플랜드(Libby Copeland)는 워싱턴 포스트에서 '타키토 모먼트(Taquito Moment)'에 대해 말했다. '타키토 모먼트'는 첫인상에 관한 오판을 경고한 내용이다. 별일 아닌 걸로 데이트 상대의 인상을 결정 짓는 위험으로 '타키토'가 등장했는데 그 사연은 이랬다.

어떤 남자가 꽤나 세련되고 매력적인 여자를 차버렸는데 그 이유가 너무 얼토당토 않다. 둘이 저녁식사를 하고 즐겁게 술을 마신 후에 편의점에 잠깐 들렀는데 여자가 편의점에서 파는 싸구려 타키토를 사달라고 졸랐기 때문에 차버렸다는 것이다.

베스트셀러 작가 말콤 글래드웰(Malcolm Gladwell)은 자신의 책 〈블링크(Blink)〉에서 '워렌 하딩의 오류(Warren Harding Error)'라고 불리는 것에 대해 썼는데 '타키토 모먼트'도 바로 그와 같은 사례에 속한다고 할 수 있다. 오하이오 주의 상원의원이었던 하딩은 아주 잘생겼다. '대통령답게 생긴' 외모는 영락없는 이상적인 지도자상(像)이있다. 그래서 미국인들은 그가 별다른 정치적 경력이 없음에도 불구하고 그를 미국의 29대 대통령으로 선출했다. 그는 취임 2년 3개월 만에 돌연사했다. 그가 죽고 난 후 각종 지저분한 스캔들이 폭로되면서 그는 미국 지도자들 중 최악의 대통령으로 평가받게 된다. 역사가들은 그의 재임 시대를 냉혹하게 평가한다. 지금 그에게는 역대 미국 대통령 중에서 최악이라는 오명이 따라붙고 있다.

글래드웰은 '워렌 하딩의 오류'를 통해 첫 인상 때문에 이루어지는 오판에 대해 경고한다. 순간적 판단의 힘(snap decision)[4]이 올바른 경우도 적지 않지만 동시에 결정적 오류를 범할 수도 있는 것이다. 인간의 판단은 전적으로 확신할 수 없다.

대다수의 사람들은 겉으로 보기에 매력적인 사람에게 더 많은 시

---

4) 스냅 디시즌(snap decision)이란 순간적이고 본능적인 의사결정, 무의식의 영역에서 일어나는 문제해결 방식으로, 흔히 직관 혹은 통찰이라고 부르는 능력과 비슷하다. 모든 사람은 사물, 혹은 사람을 처음 대했을 때 좋은 대상인지 아닌지를 순간적으로 판단하는 본능이 프로그램되어 있다고 한다.

간을 바친다. 그만한 가치가 없음에도 불구하고 시간과 노력과 정성을 기꺼이 갖다바친다. 그리고 좀 덜 생겼으면 딱 잘라 거절한다. 이것은 정치와 사랑에 있어 매우 나쁜 결과를 초래한다.

그러므로 시간은 '타키토 모먼트' 그리고 '워렌 하딩의 오류'에 대한 해독제라 할 수 있다. 앤디와 바딤의 이야기는 그 사례가 될 수 있다.

자 판 기 고 백 

"바딤은 러시아 출신의 컨설턴트였어요. 그는 1주일에 한 번 정도 업무관계로 우리 사무실에 들르곤 했지요. 그는 내 사무실 문 앞에 서서 빙그레 미소 짓곤 했어요. 나는 그 사람의 저의를 눈치 챘지만 모른척 했어요. 엄마에게는 종종 전화를 걸어 '엄마, 그 재수 없는 러시아 사람이 또 왔어'라고 알려주었어요. 그 사람은 '사업 때문에' 전화를 자주 걸었지만 특별한 행동을 보이지는 않았지요. 그러던 어느 날 오후 늦게 그가 내 사무실로 들어와서는 이런저런 이야기를 꺼내더군요. 그는 나가고 싶지 않은 것처럼 보였어요. 그래서 '에라 모르겠다!' 하고 내가 먼저 그에게 함께 저녁을 먹자고 했어요. 우리는 정말 멋진 시간을 보냈답니다. 새벽 4시까지 함께 있었어요. 술집이 문을 닫을 때까지 시간가는 줄 몰랐어요. 다음 날 나는 소개팅에 나갔어요. 순간 깨달았지요. 내 앞에 앉아 있는 사람에게 아무런 흥미가 일지 않았는데 그건 바로 바딤 때문이라는 걸! 그 사실을 깨닫자 마음이 편안해졌어요. 바딤과 나는 금방 뜨거운 사이가 되었지요. 생각해 보면 나도 처음부터 그에게 관심이 있었던 것 같아요. 왜냐하면 그가 내게 가까이 다가온다는 걸 의식했으니까. 그리고 나도 갑작스레 그에게 다가갔어요."

앤디는 바딤을 초조하게 기다리게 함으로써 〈연애기술〉을 따르는 그런 여자가 아니었다. 그래도 앤디는 바딤의 감미로움과 매력, 열정을 자연스레 알게 되었다. 시간이 흐름에 따라 그녀는 그가 자신과 어울리는 사람임을 알게 되었다.

직장연애 법칙 No.3
진정으로 사려깊은 남자를 가려주는 사람들이 있다.

〈연애기술〉에서 말하는 것 중 반복적으로 강조하는 내용 중 하나는 '남자가 여자를 뒤쫓아 다니게 만들라'는 것이다. 남자를 이것저것 테스트해 보는 것도 중요하게 여기고 있다. 예를 들어 이런 식이다.

"당신이 만나는 남자가 밸런타인데이나 당신 생일 때 성의 없는 선물을 한다거나 아예 아무 것도 사주지 않는다면 어떻게 해야 할까? 과감하게 헤어져야 한다."

주위를 둘러보면 생일이나 밸런타인데이를 챙겨주지는 않지만 마음만은 한결같은 남자와 결혼해 행복하게 살고 있는 수많은 여성들이 있다. 사람마다 남자에 대한 기대는 다른 것이다. 대부분의 여자들은 항상 내 곁에 있어줄 남자, 피곤한 날들을 따뜻하게 위로해 줄 남자를 원하고 있다. 그렇다고 여자가 남자를 테스트 할 필요는 없다.

여자들이 원하는 친절을 베풀 수 있는 사람이 과연 누구인지 알기 위해 필요한 것은 테스트가 아니라 충분한 시간을 갖고 자주 부딪치는 것이다. 그렇게 되면 자신이 끌리는 그 사람이 자신의 마음을 충족시켜줄 수 있는지 자신과 정말 잘 어울리는지 쉽게 알아낼 수 있다. 모르는 사람을 소개받고 몇 번 만나다가 상대의 실체를 알고난 후 속상해 하는 과정을 견딜 필요가 없는 것이다.

과거의 촌락공동체인 마을을 제외하고 우리가 데이트를 시작하기 전에 상대의 인품을 관찰할 수 있는 기회가 주어진 곳은 직장을 제외하고는 거의 없다. 학업 공동체인 학교 정도가 있을 수 있으나 정규교육을 마친지 오래된 이들이 데이트를 하러 학교로 돌아갈 수는 없는 일이다. 때문에 회사는 여러모로 소중한 장소이다.

그동안 직접 누군가를 관찰하지 않았다 할지라도 회사는 아주 오랫동안 그를 관찰해 왔을 것이다. 이 때 일차적으로 할 일은 사무실 풍문에 귀를 기울이는 것이다. 그러면 사방에서 정보가 쏟아져 들어온다.

직장연애 법칙 No.4
첫인상에 입각해 어떠한 판단도 미리 내릴 필요가 없다.

지금 우리는 예전의 여성들과 달리 능동적으로 '만남의 장'을 넓힐 기회를 갖고 있다. 첫인상을 배제함으로써, 그리고 회사에서의 지속적이고 실질적인 접촉을 만끽함으로써, 데이트를 시작하기 전에 미래의 짝이 될 사람에 대해 자연스런 방법으로 깊이 알게 된다. 이것은 다른 만남의 방법들과 차원이 다른 것이다.

대부분의 사람은 이성에 끌리기 마련이다. 첫 데이트에서 사랑의 화학작용이 일어나는 경우도 있지만 이 경우는 약간의 위험성이 내포되어 있다. 상대를 잘 모르고 빠져들 수 있는 것이다.

사무실에서 짝을 찾을 경우 누군가를 자세하게 알 충분한 시간이 허락된다. 첫 데이트에서였다면 그 사람에 대한 나쁜 인상을 심어주었을지도 모를 사소한 특성들이 그다지 중요하지 않은 것이 되는 것이다. 그래서 첫 번째 만남에서 나쁜 인상을 심어줄지 모른다는 불필요한 부담감을 가질 필요가 없다.

결혼정보회사에 회원으로 가입하거나 이성교제 사이트들을 돌아다니며 자신이 원하는 사람을 찾는 경우에 어떤 일들이 생길 수 있을까?

자신의 눈길을 끄는 누군가의 프로필을 발견할 수 있다. 그 사람이 엄청나게 깔끔한 사람이고, 그래서 게으르고 지저분한 사람을 만나는 건 상상도 못한다고 써놓았다면, 단정치 못한 사람은 지레 뒷걸음질 치며 그 사람을 단념해 버릴 것이다. 시작도 해보기 전에 끝나고 마는 것이다. 그럼 이 시점에서 존에 대한 애니의 첫인상이 어떻게 변했는지 살펴보도록 하자.

자판기 고백 

> "존이 처음 데이트 신청을 했을 때 나는 단호하게 거절했어요. 그는 그저 커피 친구였을 뿐이거든요. 나는 내 자신이 퍽이나 검소하고 학구적이라

앞으로도 많은 사람들이 사무실에서 장래의 파트너들과 엄청나게 많은 시간을 보내게 될 것이다. 그리고 서로의 차이에 대해 자연스레 알게 되고 그것을 극복하는 방법도 깨우치게 될 것이다.

사실 어떤 차이점들은 크게 문제가 된다. 또 어떤 것은 아무런 문제도 되지 않는다. 처음 만났을 때 퍽 중요해 보였던 차이점들이 나중에는 장점이 될 수도 있다. 그러니 굳이 첫인상에 연연할 필요가 없다. 히레인은 메이저 리그 야구경기에서 단 1이닝조차 가만히 앉아 있지 못하는 스타일이었다. 반면에 그녀의 남편은 듣도 보도 못한 마이너 리그 선수 명단까지 줄줄이 꿰차는 인물이었다. 이처럼 개성이 다른 사람도 결혼에 골인해 행복하게 살 수 있는 것이다.

직장연애 법칙 No.5
마음이 맞는 사람을 적극적으로 찾아라. 기회는 올 것이다.

이제 우리는 〈연애기술〉을 신봉하는 소녀가 아니다. 그런 만큼 원하는 남자를 직접 찾아나설 수 있다.

한 남자를 혼자 좋아한다고 생각했는데 그가 남모르게 자신을 좋아하고 있을 수도 있다. 마음이 맞는 사람끼리는 통하기 마련이다. 하지만 첫 만남부터 그런 것은 아니다.

행복의 문을 여는 열쇠는 '마음이 맞는 것'이라는 문구 안에 들어 있다. 그런데 자신과 자신의 장래 파트너가 '마음이 맞는지' 알기 위해서 얼마만큼의 시간이 필요한 것일까?

첫 인상으로 알 수 있는 것은 그저 나이가 비슷한지, 외모가 마음에 드는지 정도 뿐이다. 만약 그의 체격이 자신이 좋아하는 스타일이라거나 옷차림이 맘에 든다면 그에게 끌릴 것이다. 하지만 처음 만나자마자 그 사람이 어떤 사고방식을 갖고 있는지 한 눈에 알아볼 수는 없다. 그건 불가능한 바람이다.

직장에서는 상대의 행동을 지켜보는 것이 가능하다. 상대의 이야기를 꼼꼼히 듣고 그의 생각이 자신과 맞는지 살펴볼 수 있다. 일 끝나고 어딜 가는지, 주말에는 무엇을 하며 보내는지, 휴가 때는 또 무엇을 하는지도 알 수 있다. 직장에서는 자신이 원하는 것을 대부분 확인해 볼 수 있다.

시간을 두고 찬찬히 알아가는 것은 중요하다. 로맨틱한 이상형에 대한 바람이 누군가와 함께 비디오를 빌려보는 것이라면, 그래서 집 소파에 편안하게 앉아 단둘이 영화를 보는 것이라면 얼마든지 기회를 잡을 수 있다. 그런 시나리오가 현실이 될 수 있도록 하기 위해서는 〈연애기술〉에서 말하는 두 번째 룰을 과감히 깨버리면 된다.

"남자에게 먼저 대시하지 말라. 그리고 함께 맥주 한잔 하자고 청하지 말자."

자신이 퇴근 후에 한잔 하는걸 좋아한다면 염두에 둔 남자에게 그 사실을 감추려 들기보다 그것을 알려줄 필요가 있다. 그가 인정하게 해야 하는 것이다. 일상적인 것을 숨기지 말고 자연스레 확인 절차를 거치는 것이 바람직하다.

상대방이 자신의 일상적인 모습을 좋아하고 있다면 그것은 단지 상대에게 익숙하기 때문만이 아니다. 그것은 바로 상대의 자연스런 모습, 사람을 대하는 목소리나 태도가 매력적이기 때문일 것이다.

누군가와 데이트를 시작할 때 상대가 눈여겨보는 것은 저녁식사 하는 모습, 목소리, 매너 등이다. 만약 어떤 여자가 몸에서 땀 냄새가 나고 머리는 산발을 하고 나타난다면 누구도 좋아라 하지 않는다. 그만큼 일상적인 태도는 기본 소양으로 평가받는다. 때문에 평상시의 기본적인 차림새와 태도는 사람의 마음을 움직이는데 꼭 필요한 조건이다.

사무실에서의 인간관계는 오랜 시간 수없이 반복된다. 일반적인 저녁 데이트와 달리 무언가 뜻 깊은 일을 하면서 낮 시간을 함께 보내는 경우 그 시간은 두 사람이 함께 삶을 창조해 나가는 것이다. 좋은 때와 나쁜 때, 위기 상황이나 연장근무, 기타 재정 등의 문제를 어쩔 수 없이 함께 해나가는 것이다. 함께 가족을 꾸릴 것이라면 퍽이나 도움이 되는 과정이 아닐 수 없다. 와인이나 촛불 이벤트 같은 것들과 비교할 수 없는 일인 것이다. 이벤트는 평생 지속되지 않지만 위기 상황을 맞이하거나 재정 관리 등의 문제는 언제까지나 함께 나누어야 하기 때문이다.

4장.
유명인사들의 직장연애

 내 보겠다.

아래 사람들의 공통점은 무엇인가?

- 마이크로소프트의 빌 게이츠 회장
- 버락 오바마 상원의원
- 영화배우 안젤리나 졸리
- 크리스티안 아만포 CNN 기자
- 빌 클린턴 행정부의 역대 최연소 대변인이었던 디디 마이어스
- 가수 브루스 스프링스틴
- 정치인 뉴트 깅그리치
- 잭 웰치, 옛 G. E. 회장
- 디자이너 케이트 스페이드

CEO에서 영화배우에 이르기까지, 이 사람들은 모두 자신들의 일터에서 짝을 만났다. 그것이 영화 세트장이든 마천루이든 말이다. 직장에서 연애를 한다는 것은 자신이 스타이든 신입사원이든 가능한 일인 것이다.

유명인사들 중 몇몇은 직접적으로 함께 일했다. 혹은 관련 분야에서 만났다. 어느 쪽이든 그들의 경험은 직장연애가 어떻게 작동하는지 증명하고 있다. 그들의 이야기는 독자들에게도 잘 알려져 있다. 그들의 로맨스는 조짐이 보일 무렵부터 인터넷 창구를 떠돌다가 공식적인 확인 절차가 나오기 무섭게 뉴스로 대서특필 된다. 그들의 경험을 통해 우리는 직장연애에 대해 더 많은 것을 알 수 있다.

유명인사들도 다른 보통 사람들과 마찬가지로 직장에서 짝을 만날 가능성이 적지 않다. 어쩌면 대부분의 보통 사람들보다 가능성이 훨씬 클 수도 있다. 그 이유 중 하나는 그들이 깊이를 잴 수 없는 일종의 고립 상태에 놓여있기 때문이다. 자신이 싱글이고, 이름이 '빌 게이츠' 혹은 '브래드 피트'라면 무수한 사람들이 자신에게 연정을 품고 수많은 여자들이 자신을 만나기 위해 벌떼처럼 모여들 것이다. 하지만 그들 중 상당수는 건전치 못한 이유로 만남을 갖고자 하다 상대가 유명하다거나 갑부이기 때문에, 아니면 그 외의 무엇인가를 원하기 때문에 몰려들 수 있다. 그들에게는 '열혈 소녀 팬'이 항상 따라 다닌다. 진짜 결혼과는 무관하게 여자들이 줄줄이 따라붙는 것이다.

여기서 또 하나의 요소가 작동된다. 정신 똑바로 차리지 않거나 신중하게 처신하지 않으면 유명 인사들은 아첨꾼에 둘러싸이게 되는 것이다. 이들 아첨꾼들은 오직 유명인사들이 듣고자 하는 말만 할 뿐이다. 누구도 브래드 피트에게 "연기가 별로에요. 깊이있는 작품을 해보세요"라고 대놓고 말할 수 없을 것이다. 꼭 필요한 순간에도 쉽게 말하지 못한다.

난 결코 유명한 사람이 아니에요.

유명인사들이 평범한 우리들과 똑같다는 말을 믿으라구요? 천만에요. 도저히 인정할 수 없어요. 우선, 그들은 우리처럼 '일하지' 않습니다. 콘서트 투어 또는 영화 촬영장과 우리 사무실은 결코 흡사한 구석이 없거든요!

RE : 콘서트 투어 버스 안이든, 영화 세트장이든, 또는 사무실 빌딩 안이든, 전문적인 지식과 기술을 제공하는 대가로 누군가가 당신에게 임금을 지불한다면, 당신은 일을 하고 있는 것입니다.

다른 여러 가지 일과 마찬가지로 영화 세트장, 콘서트 투어 버스 안에서 내숭을 떨며 일하기는 힘들다. 회사의 임원들 또한 일에 몰두한 채 가면 같은 페르소나를 꾸며내는 것은 거의 불가능하다. 우리와 마찬가지로 이들에게도 일반적인 법칙들이 적용된다. 직장 환경에 오랫동안 노출되면 될수록 사람들은 거짓을 꾸밀 수 없고 서로에 대해 속속들이 알게 되는 것이다.

수많은 유명인사들은 일주일에 50시간 정도 일하는 우리를 창피하게 만들 정도로 엄청난 시간을 일에 할애하고 있다. 그들 중에는 다른 장소에서 짝을 만나고 싶어도 그럴 시간이 없는 사람이 수두룩하다. CNN의 크리스티안 아만포 기자가 자신의 짝을 업무와 관련

없는 곳에서 만나기를 원했다 할지라도 그런 일은 일어나기 힘들다. 그녀가 온전히 자신만을 위해 쓸 수 있는 시간이 얼마 되지 않기 때문이다. 그녀는 구 유고슬라비아의 붕괴에 대한 리포트를 비롯해서 해야 할 일들이 엄청나게 많았던 것이다.

아만포 기자는 그녀로서는 유일한 방식으로 남편 제이미 루빈을 만났다. 루빈은 옛 국무장관인 매들린 올브라이트의 수석 보좌관이었다. CNN 기자인 아만포는 올브라이트 국무장관의 보스니아 방문을 동행 취재했다. 비행기는 워싱턴을 출발했다. 자신이 상사를 수행하고 있던 루빈은 비행기 뒷좌석에서 몇몇 기자들을 만났다. 그 때 루빈과 아만포는 몇 번의 의미심장한 눈빛을 교환했다. 그날 늦게 보스니아에 도착한 후 그들은 밖에 나와 칵테일을 즐겼다. 나머지는 짐작하는 바대로 직장연애의 또 다른 사례가 되어주었다.

유명인사들에게 있어 직장은 사무실이라는 실제적인 장소로만 제한되어 있지 않다. 아만포 기자와 루빈의 만남은 '비즈니스 여행'이 어떻게 변할 수 있는지를 보여주는 최고급 버전이었다. 그들은 각각 다른 직장에서 돈을 받으며 일하고 있었다.

사람들이 같은 분야에서 일하고 있다면, 서로를 알기 위해서 반드시 같은 사무실에서 일해야 할 필요는 없다. 또는 반드시 같은 직장에 다닐 필요도 없다. 회사 밖에서 열리는 이벤트에서도 얼마든지 엮

일 수 있다. 다른 도시에서 열리는 회의에 참석할 수도 있다. 이와 마찬가지로 유명인사들도 아카데미 수상식과 같은 이벤트에 참석하거나 영화촬영을 위해 이국적인 외국 로케이션으로 비행기를 타고 간다. 업무 때문에 여행한다는 면에서 기본적으로 다르지 않은 것이다. 유명인사들의 유람 여행이 너무 멋져 보여 자신과는 다른 차원의 만남으로 느껴질 뿐인 것이다.

유명인사들도 우리와 마찬가지로 '단순한 친구사이'에서 시작한다.

평범한 사람과 마찬가지로 유명인사들도 만나서 친구가 되었다가 아무 것도 아닌 사이로 변할 수 있다. 때로는 거기에 무언가 더 있을 수도 있다. 일 때문에 누군가를 한 번 이상 만나게 된다면 시간을 통해 사랑이 무럭무럭 자랄 기회를 갖게 되는 것이다. 핸드백 디자이너인 케이트 스페이드가 나중에 남편이 된 앤디와 처음 만났을 당시 두 사람은 애리조나 대학생이었다. 당시 두 사람은 옷가게에서 함께 일했다. 그 때까지 두 사람은 단지 친구사이였다. 몇 년 후 뉴욕에서 그들은 재회했다.

일 하면서 함께 시간을 보내면 좋은 점 중의 하나가 나빴던 첫 인상을 만회할 시간이 주어진다는 것이다. 케이트 블란쳇과 그녀의 남편인 시나리오 작가 앤드류 업톤(Andrew Upton)의 만남은 사랑과 거리가 멀었다. 블란쳇은 업톤과의 첫 만남에 대해 이렇게 말했다.

"그 사람은 날 쌀쌀맞다고 생각했어요. 나는 그가 거만하다고 생각했고요. 첫인상이란 그렇게 잘못될 수 있다니까요."

사람들이 함께 일한다는 건 첫 번째 만남이 유일한 기회가 될 필요가 없다는 것을 의미한다. 서로에 대한 관심을 행동으로 옮길 기회가 단 한 번밖에 없는 것도 아니다.

유명인사들은 어떻게 만났을까?

유명인사들두 일터에서 실수를 저지른다. 타블로이드판 신문에 대문짝만하게 난 자신들의 파경 소식을 다룬 기사를 읽으며 자책감을 느끼는 사람도 적지 않다. 몇몇 일화를 통해 배우들이야말로 다른 누구보다도 이같은 처지에 빠지기가 훨씬 쉽다는 것을 알 수 있다. 그 이유를 찾아내기는 의외로 쉽다. 사랑에 빠진 누군가의 역할을 연기하고 있을 때 실제로 사랑에 빠졌다고 생각하는 것은 어렵지 않기 때문이다. 그런데 연기가 끝나고 현실로 돌아오니 모든 관계가 부질없어지는 것이다. 유명 인사들에게는 불행한 것인지 몰라도 일반 대중이 볼 때 이런 일은 흔하게 일어난다. 벤 애플렉과 제니퍼 로페즈를 포함한 유명 연예인들의 사례를 보자.

벤 애플렉과 제니퍼 로페즈는 〈지글리(Gigli)〉 영화세트장에서 만났다. 제니퍼 애니스톤과 빈스 본도 여기에 해당되는데, 그들은 〈브레이크 업 : 이별후애(愛)(The Break Up)〉 세트장에서 만났다. 그들은 떠들썩하게 연애하다가 영화제목처럼 헤어졌다. 이것은 직장연애의 역사 중 최악의 저주나 다름없다.

수많은 할리우드 스타들의 관계는 영화 촬영장에서 시작되었고 지금도 여전히 지속되고 있다. 영화관객들이 원하는 한 영화는 끊임없이 제작될 것이고 이들의 연애스토리 역시 앞으로 계속될 것이다.

유명인사들이 결혼 전 제공한 기삿거리들

빌 게이츠는 멜린다 프렌치(Melinda French)와 결혼 전 회사의 공식적인 행사 자리에서 공개적으로 애정을 과시하는 바람에 사내에서 눈총을 엄청 받았다. 평범한 사람이라면 눈에 띄지않고 넘어갈 문제들로 맘고생을 한 것이다.

브래드 피트는 제니퍼 애니스톤과 결혼한 상태에서 안젤리나 졸리와 〈미스터&미세스 스미스〉를 찍으며 관계가 깊어졌다.

줄리아 로버츠는 〈멕시칸〉 세트장에서 만난 카메라맨 댄 모더에게 아내를 버리고 자기와 결혼하자고 말했다. 그녀는 심지어 남편과 이혼하지 않고 버티는 댄의 아내 베라를 비난하기 위해 자신이 직접 '천박한 베라(A Low Vera)'라고 쓴 티셔츠를 집에서 만들어 입기까지 했다.

만약 기사의 주인공이 회사 소속의 월급쟁이라면 임원급으로 제아무리 높은 지위에 있다 할지라도 문제가 달라진다.

1995년 보잉사는 당시 68세였던 CEO 해리 스톤사이퍼(Harry Stonecipher)를 해고했다. 그가 동료 이사와 비윤리적인 관계를 맺어온 사실이 폭로되었기 때문이다. 스톤사이퍼는 부적절한 관계를 인정했고 이사회는 그가 윤리경영이 투철한 보잉사를 효과적으로 경영할 수 없다는 결론을 내리고 사임을 권고했다. 비록 사임의 형식을 거쳤지만 해고를 당한 것이라 할 수 있다.

〈하버드 비즈니스 리뷰〉는 잡지 편집장이던 수지 웨트로퍼(Suzy Wetlaufer)를 해고했다. 그녀가 당시 G. E. 회장인 잭 웰치와 인터뷰한 후에 스캔들을 일으켰기 때문이다. 회사에서는 그와 같은 관계가 회사의 이해관계와 충돌하는 것이라고 말했지만 전국적으로 퍼져나간 나쁜 평판 때문에 해고 당했다는게 더 정확한 정보일 것이다. 그녀는 이미 그녀보다 스무 살 연하인 편집자와 그렇고 그런 사이라는 소문이 돌았던 적이 있었다. 그 때는 회사가 그녀를 내쫓지는 않았다. 그러나 잭 웰치는 결혼한 남자였다. 얼마 후 잭 웰치는 1억 8000만 달러라는 천문학적인 위자료 사건을 세간의 이야기거리로 제공하며 부인과 떠들썩하게 이혼했다. 세상 사람들은 그를 두고 기업경영에는 귀재이지만 가정사 경영에는 둔재라고 비아냥거렸다. 그러나 그는 이에 아랑곳 하지 않고 스캔들의 주인공이었던 수지 웨트로퍼와 결혼했다.

1997년. 스테이플스(Staples Inc.)의 회장 마틴 하나카(Martin Hanaka)는 사임의 압력을 강하게 받았다. 비서이자 정부(情夫)인 셰릴 고든(Cheryl Gordon)이 자신의 상사인 하나카가 말다툼 끝에 자신을 공격했다며 경찰을 부른 사건이 있고난 직후였다. 문제는 그 말다툼이라는 것이 그녀의 아파트에서 발생했다는 점이었다.

제 아무리 명성이 높고 권력 있는 자리에 있다 할지라도, 직장 내에서의 불법적이거나 비윤리적인 행동이 가져오는 끔찍한 결과로부터 누군가를 보호해 줄 수는 없다. 누군가 아무런 자격이 없음에도 불구하고 자신의 애인에게 근사한 일자리를 제공해 준다고 생각해보라. 어떻게 되겠는가?

뉴저지 주지사였던 짐 맥그리비(Jim McGreevey)는 자신의 애인에게 일자리를 마련해준 게 폭로되어 주지사 자리에서 물러났다. 그리고 자신이 '게이'라고 기꺼이 고백했다.

여성 우주비행사 리사 노워크(Lisa Nowak)의 경우는 더욱 충격적이다. 우주에서 시시각각 밀려오는 죽음의 공포를 극복할 수 있도록 훈련받은 그녀였지만 밀애를 나누던 동료 우주비행사인 윌리엄 오펠라인(William Oefelein)과 헤어질 준비는 되어 있지 않았다. 그녀는 텍사스에서 플로리다로 무려 1,500킬로미터를 차를 몰고 가서 그녀의 연적(戀敵)인 공군대위 콜린 시프먼(Colleen Shipman)에게 폭력을 행사하려 했다. 노워크는 연인의 아파트에 몰래 들어가 그의 컴퓨터를 해킹해 그가 연적에게 보낸 뜨거운 이메일을 읽은 후 그런 일을 저질렀다. 오펠라인은 자신의 집 컴퓨터에서, 사무실 컴퓨터에서, 그리고 우주선에서도 시프먼에게 사랑의 메시지를 보냈었다.[5] 이와 같은 복잡한 난국에 대한 NASA의 반응은 다음과 같았다.

"우리는 직원들의 사생활에 관여하지 않습니다.

5장.

남의 일이라 생각말라

자신은 유명인사가 아니기에 이 모든 게 남 얘기라 여길 수 있다. 그러나 세상에 완전한 남의 이야기는 없다. 누구의 삶이든 이 세상에서 자신과 연결되는 실마리가 존재하는 것이다.

> 난 결혼할 상대를 찾고 있는 게 아니라고요!

직장연애의 끝이 꼭 결혼은 아니다. 사랑할 사람을 찾고 있든 결혼해서 법적인 동반자가 될 사람을 찾고 있든 사무실에서 구해볼 것을 권유할 뿐이다. 회사에서 연애를 하면서 직장생활에 지장을 주거나 오점을 남기지 않게 도움을 줄 뿐이다. 리사와 토니는 둘이 결혼할 것이라는 조금의 내색도 없이 오랫동안 행복한 직장커플로 지내온 생생한 증거이다.

"직장을 옮긴 후였어요. 사람들이 내게 토니와 관계를 잘 유지하라고 하더군요. 그 사람이 회사의 실세라나 뭐라나. 출세를 하려면 그 사람한테 잘 보이라고요. 하지만 난 그러지 않았어요. 사람들은 눈치채지 못했지만 그 무렵 나는 이혼수속 중에 있었어요. 돌봐야할 아이들은 3명이나 되었구요. 나는 여가를 즐길만한 형편이 아니었어요. 하지만 우리는 결국 서로 마주치게 되었어요. 곧 마음이 통했어요. 우리가 처음 만났을 때, 그가 나 같은 사람을 소개받았으면 좋겠다고 내게 말하더군요. 서로에 대해 좀 더 알게 되면 그때 가서 적당한 사람을 소개시켜 주겠다고 대답했어요. 4개월이 흐른 후 나는 모든 법적 절차를 끝내고 홀가분한 얼굴로 그에게 말했어요. 나와 똑같은 사람을 찾았다고. 바로 저라고요! 그게 벌써 10년 전 이야기군요. 우리는 아직까지도 결혼하지 않았어요. 처음에는 내 이혼 문제가 정리되지 않았기 때문이었고 나중에는 우리 아이들의 마음을 어지럽게 만들고 싶지 않았기 때문에 결혼하지 않았어요. 그러고 나서는 일 때문에 결혼할 생각을 못했어요. 그래도 우리는 행복하게 잘 지내고 있답니다. 아주 잘 지내고 있는데, 무엇하러 굳이 배를 흔들 필요가 있어요?"

“

나는 마흔 일곱살 먹은 이혼녀라구!

”

통계에 의하면 60살이 되어도 20대들과 마찬가지로 직장에서의 로맨스를 갈구한다고 한다. 25세에서 29세인 직장인들의 38%가 사내연애를 경험했다고 밝혔는데, 50세에서 64세의 직장인들도 36%의 경험치를 보이고 있다. 직장에서 누군가와 사귀어본 경험이 있는 젊은층과 노년층의 숫자에 큰 차이가 없는 것이다.

이혼이라든가 남편의 사망으로 인해 다시 직장에 들어갔을 때 사무실은 새로운 일도 시작하고 새로운 사람도 만나는 최고의 기회를 제공해 주는 것이다.

Careerbuilder.com에서 직장인들을 상대로 직장연애의 경험에 관해 조사해 보았다. 결과는 아래와 같다.

25세-29세 : 38%	30세-39세 : 47%
40세-49세 : 45%	50세-64세 : 36%

● 직장연애의 역사 ●

1861-1883년. 남편 앨버트 공(Prince Albert)이 사망한 후 빅토리아 여왕은 스코틀랜드 출신의 하인 존 브라운(John Brown)과 가까워졌다. 그러자 그들의 관계에 대한 풍문이 무성하게 퍼져나갔다. 둘의 관계가 플라토닉 이상인 것으로 증명된 적은 한 번도 없다. 하지만 역사가들은 두 사람이 은밀하게 결혼했을 가능성에 대해 여전히 논쟁을 벌이고 있다.

오랫동안 사귀어왔던 사람과의 교제가 끝난 후라면 새로운 사랑을 찾을 때 완전히 새로운 교제의 장에 나오는 것이 더욱 좋을 것이다. 만약 이혼했다면 친구들을 통해 종종 전남편의 소식을 듣게 될 것이다. 만약 미망인이라면 죽은 남편을 그리워할거라고 주변 사람들이 생각할 것이다.

배우자와 결별하고 시간이 흘러 자신은 누군가를 만날 준비가 되어있는데 주위 사람들이 오히려 이해를 하지 못해 어찌할 바를 모를 수가 있다. 그들은 '너무 빠른 거 아니야!'라고 핀잔을 줄 수도 있다. 많은 시간이 흘렀을지라도 새로운 남자친구를 구하도록 도와준다는 것이 전남편에 대한 배신이라고 여길 수 있다. 하지만 이 모든 관심들 중 어떤 것도 사무실에서는 발생하지 않는다. 린다의 이야기가 이점을 잘 드러내준다.

자판기 고백

"나는 남편과 헤어졌어요. 하지만 우리의 이혼은 말끔하게 마무리되지 못했어요. 여러 가지 문제가 많았어요. 아이들 양육에서부터 집안 가구의 처리 문제에 이르기까지 맘고생이 심했죠. 아이의 대학 교육비를 누가 부담하느냐를 두고 매사에 싸웠어요. 내 마음속에서 로맨스 같은 건 전혀 남아있지 않았어요. 그런데 그 상황이 과거를 잊고 새출발하게 해주는데는 더 좋았어요. 결혼해서 임신한 후 곧바로 직장을 그만두고 살림만 했었는데 일자리를 새로 구해야만 하는 상황에 처한거지요. 마침 자그마한 사무실에 비서 자리가 났어요. 상사는 어마어마한 양의 업무를 쉴 새 없이 쏟아 부어서 나는 숨 돌릴 틈도 없이 일했어요. 그 무렵 고객 중에 마티라는 이름의 남자가 있는데, 전화기 너머 들려오는 그의 목소리가 취한 듯 강렬했어요. 마치 테너의 목소리 같다고나 할까. 그리고 그는 내게 웃음을 주었어요. 그래서 어느 순간부터인지는 모르겠지만 은근히 그의 전화를 기다리기 시작했어요. 우리는 업무 시간에 정기적으로 통화했어요. 그와 우리 상사는 사업상 처리해야 할 세부사항들이 엄청 많았거든요. 그

“ 내 직장은 로맨스의 여지가 없어요. 도대체 우리 사무실에서 뭘 찾으라는 거예요? ”

지금까지의 이야기가 모두 뉴욕과 런던, 파리와 로마에서 세계 굴지의 글로벌기업에 근무하고 있는 20대 여성들에게만 적용될 이야기가 아닌가 생각되는 사람도 있을 것이다. 왠지 구질구질한 나의 사무실과는 거리가 먼 이야기처럼 느껴질 수 있는 것이다.

그러나 곰곰이 생각해보면 모든 직장여성은 자신의 일을 통해 사랑을 찾을 방법이 있음을 알 수 있다. 집안에서 재택근무를 하거나 소호창업을 했다 할지라도 문제가 되지 않는다. 남자를 만나는 것이 절대 불가능할 것 같은 미용실에서도 만남은 이루어진다. 이런 환경에서 남자를 만나는 것이 과연 가능한 일이냐며 의구심을 갖을 수 있

겠지만 충분히 가능하다. 어떻게 가능한지는 뒷부분에서 본격적으로
다루도록 하겠다.

이것은 우리의 이야기이다

직장생활 중에 로맨스에 휘말려 들기를 피할 수 있었다 할지라도
분명 그 가능성을 감지하기는 했을 것이다. 싱글임에도 불구하고 사
무실의 누군가와 한 번도 관심을 주고받은 적이 없다면 오히려 이상
하다 할 수 있다.

> **재미난 통계**
>
> 31,000명 이상의 성인 남성과 여성을 대상으로 〈엘르〉 잡지와
> MSNBC가 공동으로 실시한 2002년의 광범위한 연구를 보면, 응답자의
> 92%가 사무실에서의 불장난에 빠진 적이 있다고 한다. 조사판들은 나머
> 지 8%의 사람들이 뭐가 잘못됐는지 지금도 밝혀내려고 애쓰고 있다.

지금 직장에서 교제 중인 사람이 없어도 앞으로 직장에서 만나는
누군가와 데이트할 가능성은 높다. 언제 어떤 방법에 의해서 이루어
질지는 정확히 알 수 없지만 머지않아 이루어질 것이다. 사랑은 불현
듯 옆자리로 찾아오기 마련이다.

6장.
기품 있으면서도
친근하게 **관심을 표현**하는 방법

그것은 사랑일 수 있다. 어쩌면 욕망일 수 있다. 어떤 방식으로든 마음의 소리를 따르는 것이 좋다. 어느 날 문득 새롭게 눈에 띄인 멋진 남자를 조금 더 알고 싶다면…….

어떻게 하면 일을 위태롭게 하지 않고 직장 동료와 연애를 할 수 있을까? 친한 동료에서 잘 어울리는 커플로 발전할 수 있을까?

로맨스와 사랑은 너무나 사적이면서 개인차가 뚜렷한 것이기에 어떤 사람에게 제대로 작용된다고 해서 다른 모든 사람들에게 그대로 작용되는건 아니다. 여기서의 제안은 절대적이고 공식적인 정답이 아니다. 인간의 마음과 관련한 문제에 있어 절대적인 것이란 없다. 그저 참고하면 좋을 것이다.

방법 No.1 : 회사 밖으로 데리고 나가라.

개인적인 관계는 직장 안보다 직장 밖에서 키워나가는 것이 좋다. 동료에게 데이트를 청하고 싶은 마음이 생겼다면 칸막이 책상에 앉아 문자냐 메시지냐 망설이지 말고 밖에서 시도하는게 더 낫다. 공과 사를 적당히 구분해야 하는 것이다.

누군가와 시간을 함께 보내는 건 중요한 일이다. 누군가를 통해 마음의 동요를 느꼈을 때 그 느낌이 어느 순간 어디서 불쑥 튀어나올지 모른다. 회사 내에서 그 감정이 발산된다면 곤란하다. 회사 안에서는 조심하고 밖에서 만날 기회를 기다리는게 좋을 것이다.

회식 자리에서는 가능하면 가까운 자리에 앉는 것이 바람직하다. 사무실 동료들과 모임이 있을 때 마음 속으로 찜해 놓은 상대와 차를 같이 타면 좋은 기회가 될 것이다.

진짜 어떻게 해야 할지 모르겠다면 사무실 밖 자판기에서 커피 한 잔 하자고 제안할 수 있다. 이때 누군가 당신의 말을 엿듣지 못하도록 조심하는게 좋다. 옆자리에 앉은 동료가 화장실에 가거나 또는 다른 일로 자리를 비운 사이에 말할 필요가 있는 것이다. 당신의 제안이 받아들여지는 것을, 또는 거절당하는 것을 누군가가 듣기를 원한다면 모를까 그렇지 않은 한 시작은 조심스러워야 한다.

조나단과 릴리의 이야기는 해피엔딩이다. 하지만 그가 지나치게 대놓고 그녀를 쫓아다녔기에 자칫하다가는 깨질지도 모를 위기를 겪어야 했다.

자판기 고백

"회사의 전국적인 세일즈 망을 구축하는데 있어 저는 나름대로 수완이 있었어요. 그런데 누군가가 조나단이라는 사람에게 연락해보라고 하더군요. 둘이 힘을 합하면 태평양 북서지역을 새로 개척할 수 있을거라고 하길래 주저 없이 그에게 연락했지요. 왠지 처음부터 끌리더라고요. 그는

방법 No.2 : 다른 방법이 통하지 않았다면 퇴근 후에 가볍게 술 한 잔 하라.

어떻게 하면 직장 동료인 그 남자를 제대로 알 수 있을까?

회사에 처음 들어가면 대학에 처음 입학했을 때의 어리둥절하고 적응하기 힘들었던 기분과 비슷할 것이다. 누구와 친해져야 할지 점심은 누구와 먹어야 할지 나름의 고민들이 존재하는 것이다. 그럴 즈음 누군가 괜찮아 보이는 사람을 발견했다면 그와 친해지고 싶을 것이다. 업무를 통해 가까워질 수 있겠지만 마음속에 설레임을 불러일으키는 상대라면 다른 방법을 찾아봐도 되는 것이다.

퇴근 후 동료와 저녁식사를 하며 술을 한잔 마시는 것은 서로 가까워질 수 있는 자연스런 방법이다. 물론 사소한 방해꾼이 있을 수 있다. 그래도 사람들의 시선을 피해 얼마든지 둘만 따로 남을 수 있다.

Careerbuilder.com에 의할 것 같으면 직장연애의 10%가 퇴근 후 술집에서 시작된다고 한다.

일코올이 긴장을 이완시켜 주는 힘이 있어 남녀 사이를 돈독하게 해준다는 건 새삼 언급할 필요가 없다. 그러나 한편으로는 술 때문에 잘못된 판단을 하기도 한다.

술을 같이 마시고 난 후 음주운전은 절대 금지이다. 회사에서 연애를 시작하는 것은 촛불을 들고 기름통에 뛰어 들어가는 것과 마찬가지다. 사소한 실수라도 일과 연관되어 소문거리를 만들어낼 수 있기 때문이다.

일과 사랑이 섞이는 초기에는 주의할 것이 적지 않다. 이사벨과 맥스가 발견한 것처럼 말이다.

자판기 고백 

"대학을 졸업하고 은행에서 비즈니스 애널리스트로 일을 시작했습니다. 첫 출근 날 맥스를 만났어요. 당시의 나는 회사 여기저기를 돌아다니며 모두에게 자기소개를 했지요. 맥스는 지금도 가끔씩 그 날을 말하곤 해요. 그날 내가 어떤 옷을 입었는지 또렷하게 기억하고 있다구요. 내가 붉은 버튼다운 셔츠와 검정 바지를 입었다더군요. 난 전혀 기억이 안나는데 말이에요. 맥스는 소프트웨어 개발업무를 담당하고 있었어요. 같은 층에서 근무하기는 했지만 서로 하는 일이 달라 함께 할 기회는 별로 없었어요. 하지만 운 좋게 지난 몇 년간 신입 사원들이 일 끝난 후 함께 술자리를 갖는 일이 잦았어요. 일주일에 한 두 차례씩 우리가 정기적으로 들르는 아지트도 있었어요. 맥스와 나는 곧 가까워졌답니다. 우리는 따로 만나 서로의 가족에 대해, 옛날 애인에 대해 이야기를 나누었어요. 이렇게 몇 달이 흘렀어요. 모두가 우리에 대해 알고 있었어요. 우리 둘만 빼고요. 동료들은 줄곧 '이봐, 너희들 서로 좋아하는구나.' 하고 말했어요. 하지만 우리는 그저 친구로 남아 있었어요. 그러던 어느 날 퇴근 후 술자리를 갖게 되었어요. 막바지엔 동료의 아파트로 모여들었구요. 어느 순간 우리 둘만 따로 떨어져 있었어요. 항상 그래왔지만 이번에는 조금 달랐어요. 키스를 주고받았거든요! 그런데 동료들 중 아무도 놀라지 않았답니다."

방법 No.3 : 스스로에게 솔직해지자.

여자가 먼저 남자에게 데이트를 신청하면 관심을 떨어뜨린다는 설은 지난 시절의 이야기이다. 오래 전 〈연애기술〉은 그같은 태도를 중요시했지만 지금은 시대가 달라졌다.

자신이 행동으로 보여주는 타입의 여성이라면 마음 속에 그려지는 대로 행동하는 것이 좋다. 직장연애에서 가장 중요한 것은 자신이 상대방에게 보여주는 첫 인상이 아니라 자신이 근본적으로 어떤 사람인가에 달려있다. 만약에 행동으로 옮기고 보자는 타입이라면 상대는 이미 그 점을 알고 있을 것이기에 예상과 다르게 행동하는 것이 오히려 어색할 수 있다.

우리는 누군가와 함께 행복한 시간을 보내기를 갈구한다. 그렇기에 그 대상을 찾는다. 눈 앞에 대상이 보이는데도 퇴근 후 회사 밖에서의 데이트를 신청하지 않으면 바램은 이루어지지 않는다. 꿈꾸는 모든 것이 무의미해진다.

관계라는 것은 늘 미묘해서 맘 속으로는 서로 좋아하고 있지만 먼저 적극적으로 나서기는 겁 먹을 수 있다. 상대의 마음을 모른 체 괜히 감정을 드러내며 나섰다가 자신의 경력, 직장동료로서 함께 누리는 안락함 따위를 망치고 싶지 않은 것이다. 그럴 때는 자신이 상대를 기꺼이 받아들일 마음이 있다는 것을 알게 해주는게 좋다. 보다 적극적으로 나서서 일 끝나고 식사를 한 후 택시를 잡아주게 한다든지, 단 둘이만 점심 먹으러 나가자고 하든지 새로운 시도가 필요한 것이다.

누군가 주도권을 쥘 수 있다. 통계적으로 보면 알 수 있다. Halfpriceperfumes.co.uk라는 온라인 향수 판매 사이트에서 동료에게 홀딱 반한 경험이 있는 사람들에게 설문조사를 한 적이 있다. 그 결과 그들 중 3/4이 공개적으로 망신을 당할지 모른다거나 또는 자신의 뜻과 다르게 회사를 그만두어야 될지 모른다는 두려움 때문에 상대방에 대한 관심을 적극적으로 드러내지 않았다고 한다.

바보처럼 두려워하기만 하면 안된다. 치욕스러운 결과를 방지하기 위해 조심하다가 보석같은 기회가 물거품처럼 사라져버릴 수 있다.

방법 No.4 : 직장동료들에게 '절대로' 조언을 구하지 마라.

가장 친한 회사동료를 통해 자신이 점 찍어둔 남자가 자신에게 마음이 있는지 없는지 알아보는 일은 절대로 하지 말아야 한다. 동료에게 둘 만의 자리를 주선해줄 것을 요구하지도 말아야 한다.

직장동료들은 직장내 연애에서 매우 중요한 역할을 수행한다. 그들은 잠재적인 직장커플의 낌새를 일찌감치 알아차리기도 하고 둘이 잘 되도록 다리를 놓아주기도 한다. 그러나 그들이 먼저 도움의 손길을 내미는 것과 자신이 그들에게 도움을 청하는 것은 전혀 다른 문제이다. 직장동료들은 사랑의 메신저가 아니다. 직장동료들은 모두 월급을 받으며 직장에 다니고 있다. 나무 책상에 앉아 역사숙제를 풀고 있는 것이 아니다. 그러니 거기에 걸맞는 행동을 해야 한다.

● 직장연애의 역사 ●

1960년. 빌리 와일더의 고전적인 영화 〈아파트 열쇠를 빌려 드립니다 (The Apartment)〉에서 잭 레먼은 직장 상사들이 부하직원과 은밀하게 만날 수 있는 밀회의 장소로 자신의 아파트 열쇠를 빌려준다. 그런 방식으로 직장에서의 출세를 꿈꾸는 것이다.[6] 그런데 불행히도 레먼이 남몰래 빠져 있는 귀여운 엘리베이터 걸과 자신의 상사가 아파트에서 정사를 벌이게 된다. 이 영화에서 잭 레먼이 버드 역을, 셜리 맥클레인이 엘리베이터 걸 프랜 역을 맡아서 열연했다.

---

6) 버드 벡스터는 소심하지만 성실하고 착한, 뉴욕의 종합보험회사 직원이다. 독신인 그는 시내에 조용한 아파트를 얻어 살고 있는데, 본의 아니게 바람을 피우는 회사 임원들을 상대로 그 아파

누군가에게 관심이 있다면 적극적으로 관심을 표현하는 것이 좋다. 익명의 메시지를 보내거나 넌지시 말하지 말고 세련되게 행동하는게 좋다. 무엇보다 솔직해야 한다. 그렇게 하지 못하면 일이 꼬이기만 한다. 지나의 고백처럼 말이다.

자판기 고백 

"생일날 회사 이메일로 카드 한 장을 받았어요. 카드에는 '생일 축하해요' 라고 서명되어 있었어요. '당신을 남몰래 흠모하는 이로부터' 그리고 장미와 보석 상자가 배달되어 왔어요. 카드를 보낸 사람과 같은 사람이 보낸 것이었어요. 당연히 남자 친구가 보낸 것이라고 생각했기에 그에게 전화를 걸어 고맙다고 했어요. 남자 친구가 무슨 뚱딴지같은 소리냐며 자기가 보낸 게 아니라고 하더군요. 남자 친구는 도리어 화를 냈어요. 몇 주가 지나서 꼭꼭 숨어있던 정체불명의 연인이 스스로 모습을 드러냈어요. 그 사람은 내 부서의 상관이었어요. 비밀스런 이의 정체를 알게되자 등골이 오싹해지더군요. 그는 계속해서 나보고 밖에 나가 커피 한잔 하자고 졸라댔어요. 나는 거절의 뜻을 정중하게 밝혔어요. 마침내 그 상사에

트를 빌려주게 된다. 소심한 성격에다 상대가 모두 상당한 영향력을 가지고 있는 사람들이라 회유와 협박에 번번이 집을 내줄 수밖에 없는 것이다. 한편 그는 엘리베이터 걸인 프랜에게 은근히 마음을 두고 있다. 그는 아파트를 빌리는 임원들의 도움으로 승진후보에 오르고, 인사권자인 셸드레이크 전무를 만난다. 셸드레이크 역시 버드의 아파트를 빌리게 되고, 버드는 그가 아파트로 데려오는 사람이 프랜이라는 사실을 알게 된다. 그런데 셸드레이크의 변심으로 상심한 프랜이 크리스마스이브에 버드의 아파트에서 약을 먹고 자살을 기도할 때 마침 버드가 들어와서 생명을 구해주는데…

이같은 문제에 대해서는 14장에서 좀 더 살펴보겠다. 그 전까지
은밀한 연인과 관련한 문제는 미루도록 하겠다.

방법 No.6 : 말로 하자.

성희롱과 같은 오해의 소지를 없애는 가장 쉽고 분명한 방법은 관
심을 말로 표현하는 것이다. 누군가에게 차 한 잔 하자고 청하고 싶
으면 정중하게 물어봐야 한다. 물어보지도 않고 지레 짐작으로 넘겨
짚으면 곤란하다. 꼭 명심해야 할 것은 상대방이 기분 나쁘지 않게
거절할 여지를 주어야 한다는 것이다. 만약 당신이 내켜하지 않는 동
료의 손을 덜컥 잡았다면, 또는 뻐근한 어깨를 마사지해 주었다면?

상대방에게 어떤 여지를 준 적이 없는데도 엘리베이터 안에서 아
주 은밀하게 몸을 비벼댔다면 그건 당연히 성희롱이다.

기괴한 사내커플은 회식자리 후에 알코올에 취해 탄생한다. 우리
는 분명 그런 사람을 어느 정도 알고 있다. 물론 그 경우는 특별한 케
이스이다. 대부분의 경우는 손을 얌전히 간직해야 한다. 몸보다는 말
로 의사표시를 해야 한다.

이건 아주 분명해야 한다. 엄연하게 성희롱 법률이란 게 있다. 적지않은 변호사들이 밥벌이를 하려고 기다리는 분야이다. 누구도 다른 누군가를 성적으로 괴롭혀서는 안 된다. 그러므로 당신이 흠모하는 사람이 노(NO)라고 대답하면 큰 잘못이라도 한 것처럼 곤혹스러울 수밖에 없다.

재미난
통계

여론조사기관 해리스 인터렉티브(Harris Interactive)에 의할 것 같으면 남성의 16%와 여성의 5%가 동료에 대한 프러포즈가 거부된 적이 있다고 대답했다

진지하게 받아들여야 한다. 그럼에도 불구하고 겉으로는 아무렇지 않은 척 태연하게 대처하는게 옳은 방법이다. 로맨틱한 프러포즈를 거부한 누군가와 계속 친구로 남을 수도 있지만 친분을 유지하기 위해 집착하다 보면 스토커처럼 보일 수 있다.

동료와의 이전 관계를 회복하려면 천천히 노력해야 한다. 씩씩하고 프로답게 행동하면서 친근감을 잃지말아야 한다. 거절한 사람이든 거절당한 사람이든 똑같이 적용되는 항목이다. 만약 거절당한 경우라면 프러포즈를 거절한 상대방도 그 때를 더 이상 떠올리고 싶어하지 않을 확률이 크다는 걸 인정하면 된다.

어떤 경우든 '노'라고 답한 사람을 또는 거절한 사람을 험담해서

는 안 된다. 우린 중학생이 아니다. 성숙하게 행동해야 한다. 샘은 스테이시의 첫 번째 거절을 너무나 우아하게 극복했다. 그들은 결국 평생을 함께 하게 되었다.

자판기 고백 

"남편과 나는 9년 전 애플사에서 만났어요. 우리는 같은 팀에서 일하며 회의에 참석하기 위해 라스베이거스로 가게 되었어요. 밤늦은 거리에서 샘은 술에 취해 실수를 좀 했어요. 그의 행동은 문제가 있었지만 나는 괜한 일로 직장동료와 엮이는 것을 원하지 않았어요. 그렇게 되면 너무 복잡해지거든요. 우리가 라스베이거스에서 돌아왔을 때 샘은 자신의 행동을 사과했어요. 나는 그가 실수를 인정하고 사과할 줄 아는 용기가 있는 사람이라는 것에 큰 감명을 받았어요. 모른 척 덮어두고 넘어가지 않아 마음에 들었지요. 몇 주가 지난 후 그와 함께 저녁을 먹게 되었어요. 일과 관련해 여러 가지로 고맙다고 말했죠. 얼마 후 그가 진짜 데이트를 신청했어요. 샘은 내게 드레스를 입고 오라고 하더군요. 그의 집에서 가볍게 한 잔 하고 나서 근사한 곳에 가서 저녁식사를 하자고 했어요. 그가 칵테일 세트를 새로 구입하고 친한 친구 2명한테 쇼핑을 도와달라고 했다는 것은 나중에야 알게 되었어요.(나는 여자들만 그렇게 하는 것으로 알고 있었어요.) 5개월 동안 우리가 사귀는 것을 철저하게 비밀에 붙였어요. 그러는 동안 우리는 계속 함께 일했지요. 우리는 직장에서 어떤 기미도 내색하지 않았어요. 우리가 무역박람회에 갔을 때 내 친구 한 명이 그로부터 나를 '보호해주려고' 했던 일까지 있었지요. 우리는 지금 결혼 8년차입니다. 그리고 3명의 아이들이 있어요. 그 후로 회사는 몇 번 바뀌었지만 우리는 아주 행복하게 살고 있답니다.

방법 No.8 : 성희롱 법규를 ‘절대’ 위반하지 마라.

직장 내에서의 연애를 이야기할 때, 모두가 성희롱에 대한 두려움을 언급한다.

● 직장연애의 역사 ●

> 1991년. 아니타 힐(Anita Hill)은 미 연방대법원 판사(Supreme Court Justice)로 임명된 클래런스 토마스(Clarence Thomas)가 자신을 성희롱했었다고 폭로했다. 두 사람이 몇 년 전에 함께 일할 당시 토마스가 부적절한 말과 요구를 했다는 것이었다.[7]

성희롱 관련 규정은 1964년 민권법 개정에서 처음 출발한다.[8] 여기서 성에 근거한 차별을 분명하게 금지하고 있다. 연방법에는 성희롱에 해당하는 두 가지 행동 유형이 존재한다. 첫 번째가 ‘보복형 성희롱’ 이라 불리운다. 여기에는 흔히 상사와 부하의 관계가 포함된다. 성적 유혹을 받아들이는 것에 기초해 일자리를 주는 경우이다. 예를

---

7) 성희롱(sexual harrassment)이란 신조어가 생겨난 것은 미국이다. 미국의 여교수인 아니타 힐은 자신을 ‘성적으로 희롱한 죄’로 미국 연방대법원 판사로 지명된 토머스 클래런스를 상원 청문회에 세웠다. 당시 오클라호마 대학 법대 교수인 아니타 힐은 과거 토마스의 성폭력을 낱낱이 폭로했다. 예전에 토마스가 평등고용기회보장위원회(Equal Employment Opportunity Commission) 대표였을 때 그 밑에서 일했던 힐은 그의 데이트 신청을 거절한 대가로 그로부터 성적 농담과 포르노 사진 등과 같은 성폭력을 당했다고 주장한 것이다. 그 청문회가 클래런스 판사의 연방대법원 판사 임명을 좌절시키지 못했지만, 이 사건은 미국에서 성희롱에 대한 경종을 울려주었다.

8) CIVIL RIGHTS ACT, TITLE VII. 사용자, 노동조합, 고용기관, 노사협의 등이 인종, 피부, 종교, 성 및 국적을 이유로 한 고용상의 차별을 금지한 법.

들면 누군가가 그의 사무실에서 발가벗고 걸어 다닌다는 조건으로 승진을 제안한다면 그것은 '보복형 성희롱'에 해당된다. 만약 발가벗고 사무실을 걸어 다니는 것을 거부한 후 갑작스레 인사고과에서 불이익을 받거나 해고통지를 받는다면 그것 또한 '보복형 성희롱'에 해당된다.

잠재적인 직장 커플들의 마음 속에 두려움을 불러일으키는 것은 소위 말하는 '환경적 성희롱'이다. 이것은 성희롱의 일반적인 유형이 아니다. 동료직원이 성적인 것에 기초한 행동을 부적절하게 지속적으로 보여줄 때를 말한다. 회사의 유일한 여사원 앞에서 한 무리의 남자들이 끊임없이 포르노에 대해 이야기하는 것이 여기에 해당된다. 달갑지 않은 음담패설을 끊임없이 내뱉는 것 또한 법적인 기준에 해당된다. 여기서 핵심적인 단어는 '달갑지 않다'는 것이다. 동료와의 끈끈한 관계를 고려하고 있는데 상대가 그것을 기꺼이 받아들이지 않는 것으로 보인다면 즉각 그와 같은 행동을 멈추어야 한다.

〈글래머 매거진〉과 lawyers.com의 조사에 의할 것 같으면 직장인의 1/4이 직장에서 성희롱을 경험한 적이 있다고 대답했다.

'부적절하다'는 것의 기준이 모호하다고 하지만 그것은 핑계이고 변명거리이다. 말로 설명하기 힘들 뿐이지 '부적절하다'는 느낌을 모르는 사람은 없다. 성희롱 관련 법률을 시행할 책임을 지고 있는 평등고용기회보장위원회(Equal Employment Opportunity Commission)[9]에서 말하기를, 민권법은 직장 내에서의 모든 성적 행동을 성희롱이라고 규정하지는 않는다고 한다. 그만큼 판사들조차 어떤 것이 정확히 성희롱에 해당하는지 의견의 차이가 있을 수 있다.

동료에게 나가서 술 한 잔 하자고 정중하게 신청하는 것이 성희롱으로 간주될 수 있을까? 그렇지 않다. 하지만 그같은 권유에 사람을 기분 나쁘게 하는 끈적함이 묻어있다면 성희롱으로 간주될 수 있다. 술 한 잔 함께 하자는 부탁도 상대방에게 '달갑지 않게' 들릴 수 있다면 법률적인 의미에서 성희롱의 범주에 들어갈 수 있는 것이다.

우리가 도저히 거절할 수 없는 처지에 놓여있다면 직장 연애에서 한 발 물러나는 것이 좋을 것이다. 거절이 눈에 뻔히 보이는데도 똑같은 제안을 반복적으로 하거나 받는 것은 곤란하다. 법률은 피해자가 어떻게 인식하는가에 따라 성희롱을 규정하고 있다. 가해자가 어떻게 인식하느냐가 아니라는 말이다. 다시 말해, 마음 내켜하지 않는 이에게 보름 동안 수십 번도 더 데이트 신청을 거듭한다면 그것은 큰 실수를 저지르는 것이다. 아니타 힐과 클래런스 토마스의 복잡한 이야기는 성희롱 혐의를 피하는 방법에 대해 한두 가지 교훈을 제공해 주고 있다. 첫 번째 제안이 거절되었다면 데이트신청을 반복해서 하지 말아야 한다. 자신의 성적 능력 또는 포르노에 대한 관심을 자랑

---

9) 연방정부는 1964년에 제정된 민권법(民權法Civil Rights Act)과 그에 따른 행정명령 및 법원의 판결 등에 기초해 연방의 보조금을 수령하는 일정한 사업체와 교육기관에 대해 적극행동 프로그램을 개발하도록 요구했다. 연방계약이행국(Federal Contract Compliance Office)과 평등고용기회보장위원회(Equal Employment Opportunity Commission/EEOC)가 그 프로그램들을 감독한다.

해서도 안된다.

위의 내용은 모두 연방법에 규정되어 있다. 물론 국가의 법보다 회사의 사규가 더 엄격한 잣대를 가지고 있을 수도 있다. 그것은 회사의 권리이기에 동료에게 로맨틱한 관심을 드러내 보이기 전에 회사의 정책을 숙지할 필요가 있다.

직장 내에서의 성희롱 또는 원하지 않는 성적 관심의 희생자라면 어떨까? 첫째, 가해자에게 당장 그만 두라고 말해야 한다. 또한 어떤 일이 있었는지 기록해야 한다. 가능하면 상관에게도 알리고 회사에 보고해야 한다. 그 사실을 믿을만한 이에게 공개할 필요도 있다. 그래야 법적 조치를 취하는데 유리하다.

또 하나 주목해야 할 것으로는 성희롱이 여자들만을 대상으로 하지 않는다는 것이다. 남자들도 희생자가 될 수 있다. 2004년에 평등고용기회보장위원회(EEOC)에 진정을 낸 사람들 중 15% 이상이 남성이었다.

무엇을 해서는 안 되는가

다시 한 번 되돌아보자.

칸막이 책상에 서서 동료에게 데이트 신청을 해서는 안된다. 회사 이메일을 사적인 용도로 활용해도 안된다. 직장동료들을 직장연애에 끌어 들이는 것도 썩 좋지않다.

만약 사무실의 누군가에게 마음이 간다해도 지금 하고 있는 것 이상으로 할 필요가 없다. 굳이 새로운 시도를 하려고 하지 않아도 아침 출근시 이전 보다 활기찬 모습이 되어 있을 것이다. 긍정적인 에너지가 넘치니 업무 생산성이 향상되어 상사에게 좋은 인상을 줄 것이다. 자신도 미처 모르는 사이에 평소보다 일을 훨씬 더 잘해내고 있을 것이다. 그게 바로 사랑의 힘이다.

7장.
호기심 많은 직장동료 대처법

 드리우고 있었지만 맘에 드는 상대를 직장에서 아직 찾지 못했을 수 있다. 하지만 직장 동료가 자신을 대신해 완벽한 후보자를 찾아줄 수도 있다. 동료의 노고에 대해 우리는 뭐라고 감사의 표시를 해야 하나?

이것은 회사가 수행할 수 없는, 수행하지도 않는, 절대 수행해서는 안 되는 전통적인 중매의 기능이다. 이와 같은 기능이 있기에 우리는 '바로 그 사람'을 소개받을 수 있다. 회사는 해마다 멋진 사람을 충원한다. 하지만 회사가 둘의 만남을 공식적으로 주선해주지는 않는다. 이 때 등장하는 사람이 바로 직장동료들이다.

사랑이 시작되기 전까지 직장동료들은 잠재적인 경쟁자들이다. 자신이 점찍어 둔 사람을 동료가 빼앗아갈 수 있기 때문이다. 로맨스가 한참 진행 중이라면 그들이야말로 소문의 진원지가 되기도 한다.

직장동료들은 몇 가지 측면에서 직장 내 연애의 방해물이 되기도 한다. 그러나 부정적인 면은 나중에 다루고 우선은 직장동료의 장점에 대해 알아보도록 하겠다. 직장동료들은 생각보다 훨씬 많은 것을 알고 있다. 이것은 장점도 될 수 있고 단점도 될 수도 있는데 가장 좋은 점은 직장동료들이야말로 기본 검증에 정밀 검증을 할 수 있는 인물이라는 점이다. 한 인물에 대해 그들보다 더 떠들썩하고 확실한 절차를 밟아줄 사람은 없다.

동료들은 직장이라는 마을 공동체에 함께 살고 있는 이웃과 다름없다. 그들은 전통적인 이웃들과 마찬가지로 본인보다 먼저 직장커플이 될 사람을 알아보기도 한다. 남의 일에 참견하기 좋아하는 이웃이 남몰래 숨어서 유심히 지켜보는 것처럼 직장동료들은 당사자들이 미처 깨닫기도 전에 이제 막 싹트기 시작한 두 사람 사이의 기류를 기가 막히게 알아차리곤 한다. 둘이 정말 잘 어울리는 한 쌍이라고 믿는다면 그들은 두 사람 사이에서 로맨틱한 관계가 꽃필 수 있도록 역할을 다할 것이다. 자넷과 그녀 애인의 경우가 그랬다.

자판기 고백

"바이오테크 회사에서 일할 때였어요. 직장동료 하나가 점을 보러 가자고 하더군요. 호기심에 나도 점을 봤는데 조만간 남편감을 만나게 될 거라고 하더군요. 나이가 조금 많은 사람이고 손을 쓰는 일을 하고 눈빛이 옅은 사람이라고 했어요. 난 깜짝 놀랐어요. 왜냐하면 나는 흑인이고 보통 흑인들과 데이트를 했거든요. 그 후 얼마 지나지 않아 한 친구가 '네 남편감을 만났어! 이름이 에드워드야' 라고 하더군요. 당시 에드워드는 우리 회사에서 만능 재주꾼으로 통했어요. 무엇이든 손으로 뚝딱뚝딱 고쳐댔기에 맥가이버라는 별명도 갖고 있었지요. 1998년 5월 28일에 친구와 함께 식당에 있었어요. 그런데 에드워드가 내 옆줄에 앉아 있지 뭐예요. 그 때 친구가 '저 사람이 네 남편 될 사람이야!' 라고 속삭이더군요. 그 후 그는 우리 사무실에 종종 찾아와서 이것저것 손봐주었어요. 내가 승진 직장동료들은 당사자보다 훨씬 더 앞서나갈 수 있다. 동료들이야말로 제일 먼저 낌새를 알아차린다. 유명한 노랫말대로 직장동료들이 무어라 말하든 그냥 내버려 두는게 좋다. 직장동료와 관계가 틀어지면 손해막심이기 때문이다.

직장커플들 중 적지않은 사람들이 알려주길, 둘이 그렇고 그런 사이라는 소문이 때때로 첫 키스보다 먼저 회사에 퍼져나간다고 한다. 애니의 경우도 그랬다.

자 판 기 고 백 

속 거기에서 담배를 피우다간 상사에게 찍히게 될 거란 걸 알았죠. 우리는 사람들 눈을 피해 건물 옆 구석자리로 옮겼어요. 우리는 곧 같이 점심을 먹으러 가는 사이가 되었고 비슷한 시기에 우연찮은 일로 담배를 끊게 되었어요. 직장동료들은 우리 사이에 뭔가 남모르는 일이 진행되고 있는 거라고 생각했어요. 우리가 데이트를 하고 있다고 말이에요. 하지만 우리는 전혀 그런 사이가 아니었어요. 심지어 상사는 이렇게 말하기 시작했어요. '존은 자네를 정말 좋아하는 것 같아. 왜 존과 사귀지 않지?' 우리가 마침내 특별한 사이가 된 계기는 너무 평범했어요. 회사의 크리스마스 파티에서 우리는 흥에 겨워 엄청 취했어요. 결국 그의 아파트로 가서 함께 밤을 보내고 말았지요."

직장연애를 함에 있어 직장 동료와 관련해 다음과 같은 것들이 도움이 될 것이다.

직장동료들은 우리가 앞으로 뜨거운 사이가 될 거란 걸 어떻게 알까?

▶ 직장동료들은 두 사람이 습관적으로 함께 점심 식사하는 것을 목격한다. 두 사람은 별다른 뜻 없이 그냥 함께 한다 할지라도 그들 눈에 예리하게 포착된다.

▶ 직장동료들은 업무시간이 끝난 후에도 두 사람이 함께 퇴근하려고 꾸물거리는 것을 본다. 어쩌면 함께 걸어서 집에까지 가거나 술 한 잔 함께 하는 장면을 목격할 수도 있다.

▶ 직장동료들은 둘 중 한사람이 뚜렷한 이유 없이 상대의 칸막이 책상 근처를 어슬렁거리는 것을 눈여겨 본다.

▶ 직장동료들은 둘 중 한사람이 다른 한사람에게만 유독 뭔가를 물어보는 것을 자주 목격한다. 그 분야에 대해 더 잘 알고 있는 수많은 동료들이 있음에도 불구하고 말이다.

▶ 직장동료들은 두 사람이 사소한 일로 티격태격하는 것을 보고 경쟁이 아니라 사랑의 불꽃이라고 느끼곤 한다.

회사에서 서로를 약간의 따듯한 눈으로 바라보는 정도라면 타인들의 시선을 전혀 느끼지 못할 수 있다. 그러나 눈치 빠른 동료들은 분명하게 알아차리고 있다.

"

현실은 달라요!

남자와 여자 사이의 동료애가 모두 로맨틱한 감정을 깔고 있다고 생각하지는 않아요. 남녀 간에도 그저 잘 지낼 수 있습니다. 그런 관계가 꼭 사귀는 것처럼 보인다고 가정하는 것은 직장여성의 성공에 방해가 될 뿐이죠. 여자들은 직장에서 그저 시간이나 때우고 있는 날나리처럼 보이나요? 회사를 무슨 남자 사냥이나 하는 곳으로 생각하는 줄 아세요? 나는 남자 멘토를 둘 수 없거나 또는 남자 동료와의 우정을 쌓을 수 없는 세상에서는 살고 싶지 않습니다. 남녀 간에 무조건 썸씽이 있을 거라 생각하다니, 참 우습군요.

RE : 만약 이성인 누군가와 우정을 유지하고 있다면 거기에는 언제나 영화 '해리가 샐리를 만났을 때'의 해리 같은 유형의 사람들이 있을 것입니다. 그는 샐리와 친구처럼 지냈지만 마음 깊은 곳에 연애 감정을 간직하고 있었던 거지요. 아주 어리지 않는 한 남녀 간에는 분명 무언가가 있는게 당연합니다. 연애 단계로 발전하지 않고 친구 사이로 영원히 남을 수 있다해도 둘 사이에는 그 뭔가가 반드시 존재합니다.

"

직장동료의 판단을 믿어라.

지금 연애중이라면 직장동료의 정보가 믿을 만한 것이기를 분명 바랄 것이다. 동료들은 본인이 간과했을지 모를 사소한 것들을 종종 지적해준다. 좋은 점뿐만 아니라 나쁜 점까지 들추어낸다. 간혹 동료들의 말을 듣고 싶지 않더라도 그들의 견해를 존중해 줄 필요가 있다.

왜 동료의 의견을 존중해야 할까? 직장동료란 매우 깐깐한 족속들이기 때문이다. 옛날에 마을 사람들이 음식, 생계수단, 오락을 위해 서로에게 의존했던 것처럼, 현대의 동료들 또한 성공하기 위해 서로를 필요로 한다. 만약 누군가가 습관적으로 직장에 늦게 출근한다면, 부주의하거나 단정치 못하거나 또는 일을 제대로 못해낸다면 그것은 치명적인 소문이 될 수 있다. 동료들은 이런 것을 제일 먼저 아는 이들이다. 그 결과 직장동료들은 상대방의 특성에 대해 아주 중요하고 치명적인 정보를 제공해 준다. 마음에 둔 상대를 술집이나 온라인에서 만났다면 전혀 몰랐을 법한 특징을 알게 해준다.

직장 동료들이 깐깐한 이유

▶ 신입사원은 직장에 들어가자마자 회식자리를 갖게 되는데 거기서 다른 직원들로부터 평가받는다.

▶ 신입사원은 곧 직장에서 친구를 사귀게 되는데 그 친구가 그를 평가한다.

▶ 업무처리에 위기가 닥쳤을 때 어떻게 해내는지 모두가 지켜본다.

▶ 만약 그 사람이 나쁜 인상을 심어주거나 업무 처리를 힘들게 만든다면 상사들도 그에 대해 알게 된다.

▶ 만약 그 사람이 좋은 인상을 심어준다면 동료들은 사무실 안과 밖에서 그가 성공할 수 있도록 도와준다.

사무실 직원들이 직장커플에 대해 이런 저런 측면에서 철저하게 검사하는 과정을 끝낸 이후 나름대로 결론을 내렸다면 동료가 실수를 저지르는 것을 미연에 방지해줄 수 있다. 사랑에 빠진 상대가 신입사원이든 또는 같은 회사에서 몇 년을 다닌 사람이든 상관없다. 직장에서 로맨틱한 실수를 저지르는 것과 관련된 위험부담을 고려할 때 동료들의 의견은 매우 중요하다.

1987년. 제임스 L. 브룩스 감독의 영화 〈브로드캐스트 뉴스〉에서 일류 네트워크 TV의 뉴스 PD인 홀리 헌터(제인 역)는 윌리엄 허트(톰 역)가 강간당한 여인과의 인터뷰 도중 눈물을 흘리는 장면을 보고 큰 감동을 받는다. 결국 톰을 사랑하게 된 제인은 그와 결혼을 약속한다. 그러나 친구 앨버트 브룩스(에이런 역)가 톰의 눈물이 조작된 것이라고 홀리 헌터에게 말해줌으로써 그녀가 비열한 앵커맨인 윌리엄 허트에게 빠지는 실수를 저지르지 않도록 막아준다. 윌리엄 허트는 장면 전환 편집으로 가짜로 눈물 어린 얼굴을 보여 시청률을 높였던 것이다.

사무실 직원들은 실제적인 중매쟁이로서의 역할을 톡톡히 할 수 있다. 성공한 커플들은 동료들이 두 사람을 커플이 될 수 있게 등을 떠밀어 주었다고 한다. 몇몇 동료들은 자신이 전혀 염두에 두지도 않는 누군가를 생각해 보라고 권유하기도 한다. 어떤 사람들은 그저 단순한 불장난에서 정식 데이트로 진전되도록 옆구리를 찔러댄다. 직장 동료가 둘 만을 위해 저녁 식사 자리를 주선하고 나섰기에 보다 적극적인 데이트를 하게 된 커플도 있다. 아래에서 보게 될 웬디의 상사가 바로 그와 같은 사례가 될 것이다.

자판기 고백

위의 자판기 고백과 관련해 알아두어야 할 것이 하나 있다. 웬디
의 사례처럼 직장 동료가 '에너지 장'을 바탕으로 인생의 동반자를
찾아 주는 일은 흔치 않은 경우이다. 그러나 행복하고 성공적인 미래
에 있어 동료들이야말로 엄청난 자산임은 분명하다. 우리는 그것을
잘 활용해야 한다.

동료들이 언제나 옳은걸까? 그렇지는 않다. 그들도 실수를 연발한

다. 더군다나 자기 동료가 누구와 잘 어울리는지 알려고 허구한 날 다른 동료들과 쑥덕공론이나 하며 허송세월을 보내면 참기 힘들다. 그래서는 결코 안되기에 몇 가지 구체적인 내용을 살펴 보도록 하겠다.

다음의 경우 동료의 제안에 귀 기울여라.

▶ 만약 다른 문제들에 있어서, 특히 일상적인 업무처리와 관련해서 그 동료의 판단을 높이 산다면.

▶ 만약 그 동료가 가끔씩 사람 놀래주는 재주가 있는 사람이지만, 그럴기라도 전혀 문제를 일으키는 사람이 아니라면

▶ 만약 그 동료가 당신 둘 모두에 대해 속속들이 잘 알고 있어 당신들이 잘 어울리는지에 대해 충분히 말해줄 수 있다면.

▶ 만약 그 동료가 당신이 사귀고 있는 사람을 너무나 잘 알아서 믿을 만한 조언을 해줄 수 있다면.

다음의 경우 동료의 제안을 무시하라.

▶ 만약 그 동료가 자신의 중매 능력을 우쭐댄다면.

▶ 만약 그 동료가 말하는 사람이 이미 결혼한 사람이거나 좋지 않은 사유로 이혼한 경력이 있거나 바람둥이거나 기타 등등 부적절하다면.

▶ 업무와 관련해 물었을 때 전혀 말도 안 되는 소리를 하는 사람이라면.

동료가 제안하면 가만히 듣고 있는게 좋다. 그 제안을 다른 동료
와 이러쿵저러쿵 떠들 필요가 없다. 누군가가 한 말은 즉시 퍼져나갈
것이다. 또한 어린 학생이나 할 법한 짓, 즉 꽃잎을 한 장씩 떼어내며
그가 나를 좋아할까, 싫어할까 하는 게임에 빠져들어서도 안된다. 기
대를 돋우며 김칫국부터 마시지 말아야 한다.

소문에 대해서는 점잖게 반응하는게 좋다. 그래야 동료들이 지루
해서 나가떨어진다. 그래도 가급적이면 그들에게 예의바르고 친절하
게 대하는게 좋다. 까딱 잘못하다가는 그들의 의심만 부풀려 놓을 것
이기 때문이다.

8장.
직장에서의 오른팔 역할

직장에서 '그의 오른팔' 이 되어야 하나 말아야 하나.

회사의 잘 나가는 임원들 가까이에는 오른팔 역할을 하는 여성들이 존재한다. 그들은 전문적인 조력자일 뿐만 아니라 개인적으로도 믿을만한 사람이다. 그녀들은 그의 마음을 읽고 그의 농담에 웃어주고 출장 중에 함께 저녁을 하고 기타 등등 모든 것을 함께 하지만 잠자리는 결코 함께 하지 않는다. 둘 중 누군가가 결혼을 했든 아니든 상관없이 두 사람은 비즈니스 관계일 뿐이다.

그들은 직장에서 최고의 파트너이다. 누구나 직장에서 가지고 싶어하는 소중한 사람이다. 거기에 또 다른 혜택까지 있다. 이같은 관계의 남성과 여성은 동성의 동료들에 비해 서로 경쟁심이 적다는 점이다. 그 결과 제 아무리 최고의 친구도 어찌할 수 없을 정도로 일이 잘 풀리지 않을 때, '직장에서의 오른팔' 은 상대의 기분을 조절해 줌으로써 완충적인 역할을 담당하기까지 한다.

오늘날 오른팔이라는 개념은 그 어느 때보다도 잘 알려져 있고 위치가 업그레이드 되었다. 2004년에 정치부 기자인 티모시 노아(Timothy Noah)는 조지 W. 부시 대통령이 현대사에서 영부인인 로라 여사와 더불어 '직장 내 부인(work wife)' 을 둔 첫 번째 대통령이라고 주장했다. 아마도 콘돌리자 라이스 국무부 장관에 대한 가장 은유적인 표현 중 하나일 것이다.

〈Vault〉의 통계에 의할 것 같으면, 성공한 직장인들 중 1/3 가량이 직장에서 '오른팔' 역할을 하는 이를 가까이 두고 있다 한다. 그들은 서로에게 최고의 오피스 메이트인 셈이다

부시 대통령의 첫 번째 사무실 파트너는 캐런 휴즈(Karen Hughes)였다. 그녀는 2000년 대통령 선거본부 대변인을 지냈고, 이후 백악관 공보특보를 지냈다. 그녀가 백악관을 떠나 텍사스로 돌아가기로 결정했을 때 부시는 몹시 슬퍼했다고 한다. 그로부터 얼마 지나지 않아 부시는 국무부의 콘돌리자 라이스와 결합했다. 부시와 콘돌리자의 '사무실 파트너'로서의 결합은 타블로이드판 신문의 헤드라인에 대문짝만하게 도배되었다. 소문이 돌 때, 사소한 행동 하나하나가 소문에 기름을 붓기 마련이다. 콘돌리자 라이스는 언제인가 공개석상에서 부시에 대해 무심결에 '남편'이라고 말할 뻔 했다. 얼른 주워 담았지만 말이다.

하지만 이성 동료와 그처럼 긴밀한 관계를 유지하는 것이 과연 적절한 일인가? 이와 같은 끈끈한 동맹이 가져오는 장점을 칭찬할 만한 것인가? 가짜 로맨스에서 진짜 로맨스로 넘어가는 것은 또 얼마나 쉬운가?

직장 오른팔에 대한 찬성론자들의 논리

'사무실 파트너' 관계에 대한 찬성론자들은 직장에서의 공통된 경험이 끈끈한 유대를 갖게 한다고 주장한다.

영화사에서 일하는 제이는 이렇게 말한다.

"내 아내, 그러니까 집에 있는 가정의 파트너는 직장 일에 대해 별로 알고 싶어 하지 않아요. 내가 멍청한 상사에 관해 푸념을 늘어놓아도 귀 기울이지 않죠. 하지만 다른 파트너, 즉 사무실 파트너는 얼마든지 내 이야기를 들어줘요. 더불어 그녀 자신의 이야기를 거기에 덧붙이지요."

잔이라는 이름의 여자는 아들을 낳은 후 다니던 광고회사를 그만두었다. 그녀는 여전히 일주일에 한 번 정도 예전의 사무실 파트너와 전화 통화를 했다.

"그에게는 배출구가 필요해요."

잔은 어깨를 으쓱하며 말했다.

종종 직장 오른팔이 진짜 배우자가 되기도 한다. 아래의 크리스처럼 말이다.

자판기 고백 

"홀리와 나는 모두 워싱턴 D.C.에 있는 행사담당실(Office of Scheduling and Advance)에서 일하고 있습니다. 우리는 앨 고어 부통령 내외의 스케줄을 관리합니다. 시간이 어떻게 가는지 모를 정도로 눈 코 뜰 새 없이 바쁩니다. 우리는 오랜 시간을 함께 보내며 가까운 친구 사이가 되었습니다. 당시 나는 같은 분야에서 일하는 동료와 교제를 하고 있었습니다. 여자 친구와 나는 잘 지내고 있었어요. 하지만 홀리와 더 많은 시간을 보내면서 여자 친구와는 본질적인 믿음에 차이가 있다는 것을 깨닫게 되었어요. 2년 가까이 홀리와 가깝게 지냈지만 둘 사이에는 아무런 일도 일어나지 않았어요. 어느 날인가 홀리와 함께 길에 서 있을 때 그녀가 묻더군요. '언제쯤이면 우리가 서로에 대한 관심을 인정하게 될까?' 그 후 나는 여자 친구와 헤어졌습니다. 홀리에게는 2년 동안 우리의 관계를 그대로 유지하자고 부탁했어요. 전 애인을 잊기 위한 시간이 필요하다고 생각했거든요. 나중에 나는 캘리포니아로 돌아갔어요. 우리는 모두 캘리포니아 출신이어서 홀리도 나와 함께 옮기기로 했어요. 그녀가 내게 그렇게 충실한 것을 보고 너무 놀랐어요. 우리가 캘리포니아로 옮겨가기 직전에 나는 이오지마 기념관 종탑 아래에서 그녀에게 청혼했습니다."

직장 오른팔에 대한 반대론자들의 논리

플라토닉한 관계로 남아 있는 직장 오른팔들에게 로맨틱한 관계의 유혹은 얼마든지 발생할 수 있다. 두 사람은 너무 가까운 사이가 되어 본의 아니게 다른 직장동료들을 따돌리게 되는 것이다. 직장생활에 있어 그건 바람직한 일이 아니다. 동료들은 사무실에서 우리의 눈이자 귀이자 친구이기 때문이다. 설령 플라토닉한 관계에 있는 커플이 동료들을 피해다니지 않는다 할지라도 질투를 불러 일으키거나 소외감을 심어줄 수 있다. '사무실 파트너'와 관련해 동료들의 질투를 살만한 요인들은 충분히 많다. 둘 사이에서만 은밀히 주고받는 정보는 당사자들에게는 큰 도움이 될지 몰라도 다른 직원들에게는 불리하게 작용할 것이고 직장동료들은 둘이 실제로 그렇고 그런 사이라고 생각할 것이다. 아무리 강력하게 아니라고 부인할지라도 동료들은 유난히 친밀한 두 사람에 대해 그렇게 생각할 것이다.

"

아무 일이 없다는 게 말이 되나요?

플라토닉한 관계로 남아 있는 직장 오른팔들에 대해 이야기하고 있는데 마치 그것이 가능한 것처럼 말하는군요. 남자와 여자의 관계는 단순히 친구에 그칠 수 없다고 대다수 사람들이 동의하고 있지 않나요? 직장에서 서로에 대해 푹 빠져 있어서 마치 본드처럼 짝 달라붙어 있는 남자와 여자 사이에는 언제나 소문이 돌지 않나요?

RE: 우리는 남자와 여자가 친구가 되었을 때, 언제나 그들 사이에 소문이 생기기 마련이라는 흔한 이야기에 대해 말하고 싶지 않습니다. 직장에서는 두 사람의 지적인 수준과 전문적인 관심이 너무나 똑같아서 직장에서 서로 짝 달라붙어 있지만 실제로는 아무 일도 없는 남자와 여자 사이에 이상한 소문이 생겨날 수 있곤 하지요. 그렇다고 업무 때문에 서로 꼭 필요한 사람을 갈라놓을 수는 없잖아요

"

사무실 파트너의 존재는 결혼생활에도 문제를 야기할 수 있다. 지금은 고인이 된 유명한 불륜 전문가인 셜리 글래스(Shirley Glass)에 의하면 친근한 이성 직장동료를 얻는 것은 불륜을 저지르게 되는 첫발이 될 수 있다고 한다. 그녀의 책 〈Not 'Just Friends' : Rebuilding Trust and Recovering Your Sanity after Infidelity〉에서 집에서 기다리고 있는 법률상의 아내를 젖혀두고 사무실 파트너를 너무 믿을 때 가정적인 문제가 발생할 수 있다고 알려준다.

"대부분의 경우 친구에서 정부(情夫)로 바뀌는 순간은 거의 알아차릴 수 없어요. 당사자들은 물론이고 주위 사람들마저 알아차리지 못하지요."

셜리 글래스는 자신의 아들이며 〈This American Life〉의 저자이기도 한 이라 글래스(Ira Glass)의 지혜를 덧붙여 이렇게 말했다.

"'친구' 라는 단어 앞에 '단지' 또는 '그냥' 이라는 단어를 붙이게 될 때, 문제에 빠진 것을 알게 된다."

이런 경우가 생긴다면 진짜 부인이 아니라 사무실 파트너와 헤어져야 한다. 사무실에서의 관계가 아무리 플라토닉하다 해도 진짜 배우자는 화가 날 수밖에 없다. 부부는 사소한 일로 쓸데없이 말다툼을 할 수 있다. 직원들은 편가르기까지 해 가며 누가 옳고 그른지를 토론의 주제로 삼을 수 있다.

오피스 메이트로서의 사무실 파트너 관계는 대부분 자연스레 끝나게 된다. 업무가 달라질 경우 파트너십에서부터 서서히 멀어지게 되는 것이다. 한쪽 파트너가 다른 곳으로 직장을 옮기거나 이사를 가게 되면 끝나는 관계이다.

사무실 파트너 관계가 끝날 때 누군가 마음의 상처를 받을 수 있다. 밥은 사무실 파트너와의 관계를 다음 단계로 한 단계 끌어올리고 싶어 했다. 그는 그 사실을 상대가 깨닫도록 하기 위해 헛되게 기다리던 시기를 회상했다. 상대는 파트너에 대한 생각이 달랐던 것이다.

"두 번 다시는 그렇게 안 할 겁니다. 나는 그녀 때문에 1년 동안이나 데이트하지 못했어요."

이것이 직장 오른팔을 두었던 밥의 말이다.

2006년. 마케팅 분야에서 엄청난 성공을 거둔 줄리 로엠(Julie Roehm)은 남자 부하와의 '개인적인' 관계에 대한 풍문이 회사를 휩쓴 직후에 월마트의 마케팅담당 수석 부사장 자리에서 해고되었다. 당시 회사에서는 직장 내 연애를 엄격하게 금지하고 있었다. "나는 항상 우리가 함께 있는 모습을 생각해요. 당신이 나에게 키스하며 나의 얼굴을 바라볼 때처럼 짧은 순간들을……" 로엠은 이렇게 부하 직원 숀 워맥(Sean Womack)에게 이메일을 보냈다고 한다.(둘 모두 유부남 유부녀였다.) 숀 워맥은 모든 소문을 부인했다. 하지만 결국 둘 모두 일간지 지면에 대문짝만하게 난 불륜 소문의 핸디캡을 안고 새 직장을 구하는 신세가 되었다.

직장 내 연애를 달갑지 않게 생각하는 사람들이 적지 않다. 커플의 지위가 동등하지 않은 경우에 더욱 그러하다. 남자가 CEO이고 여자는 그의 비서라면 여자가 이용당하고 있다고 느낄 수 있다. 특히 그녀의 상사가 그녀 없이는 힘들다고 여겨 그녀를 승진시킨다면 문제는 더욱 복잡해진다.

<h2 style="color:blue">'직장에서의 오른팔' 다섯 가지 법칙</h2>

1. 오랫동안 사귄 절친한 친구에게 하지 않을 일이라면 그에게도 하지 마라. 절친한 친구의 입술에 키스하지 않듯 사무실 파트너에게도 해서는 안 된다.

2. 경력에 오점을 남기는 일에 말려들지 마라. 사무실 문은 반드시 열어두어야 한다. 이렇게 행동하든 상관없이 사람들에게 이야깃거리를 던져줄 필요가 없다.

3. 사무실 파트너에게 홀딱 반해서는 안 된다. 충동을 억제하라. 그것은 엉망으로 끝날 확률이 높다. 상대가 유부남 유부녀라면 더욱 그렇다.

4. 배신은 무방하다.(플라토닉한 배신 말이다.) 더 나은 조건의 새로운 직장이나 새로운 상사를 얻고자 하면 새로운 자리를 찾아 새로운 짝을 얻는게 좋다.

5. 사무실 파트너의 아내가 자신의 존재에 대해 알고 있는지 확인해야 한다. 제대로 알지 못하면 괜한 질투와 의심을 낳게 마련이다. 우리가 인터뷰했던 부부 한 쌍은 각자 플라토닉한 사무실 파트너를 두고 있었는데, 1년에 한 두 차례씩 4명이서 함께 점심식사 자리를 마련한다고 한다.

자신의 진짜 파트너가 누구인지 잊어버리면 곤란하다. 마음이 혼
란스러우면 무슨 조치를 취해야 한다. 세상에 널려 있는 게 남자와
여자이다. 우리가 어디로 가야할지 깊이 생각해 봐야 한다.

2부

직장연애 에티켓

9장.

드디어 **사랑**에 빠지다.

이제 출발선에 섰다. 일과 사랑을 모두 지키고 싶다면 직장연애에 필요한 에티켓을 숙지할 필요가 있다.

직장은 21세기의 촌락 공동체나 다름없다는 걸 기억해야 한다. 수많은 눈동자가 커플들을 지켜보고 있는 것이다. 동료들은 옛날의 오두막 창문 대신 책상 칸막이 너머로 눈동자를 흘끔거릴 것이다. 무엇을 목격했든 효과는 마찬가지이다. 옛날의 마을 사람들이나 오늘날의 직장인이나 모두 신생커플의 연애가 일희일비 하는 것을 두고 수군거리며 똑같은 희열을 느낄 것이다.

지켜보는 이들에게 간간히 먹음직한 얘깃거리를 던져주면 그들은 기뻐할 것이다. 그들 대부분의 사람들은 두 사람이 잘 해나가기를 바랄 것이다. 하지만, 봉건시대의 이웃과 마찬가지로 새로운 한 쌍이 깨어지기를 바라는 사람도 분명 존재할 것이다.

본격적으로 직장연애를 시작하면 꼭 해야 할 것과 하지 말아야 할 것이 구분될 것이다. 하지 말아야 할 것에 대해서는 여기서 언급하지 않겠다. 그건 나중에 따로 얘기하겠다.

단지 같은 직장에 다니고 있는 것 그 이상임을 분명히 하라.

전시의 군인들처럼 같은 직장을 다니는 것만으로 각별한 동지애를 느낄 수 있다. 이같은 감정 때문에 동료들은 종종 최고의 친구가 된다. 이런 현상에 대해 사회학자들은 '인접성(propinquity)'이라는 단어를 사용해 설명하고 있다.

'인접성(propinquity)'이라는 단어는 1950년대 일련의 사회학자들이 아파트에서의 생활상을 연구하면서 처음 만들어냈다. 사회학자들은 아파트 바로 옆에 살고 있는(옆집에 살고 있는) 이웃이 대부분 가까운 친구가 될 수 있다는 결론을 내렸다. 다른 층에 살고 있는 경우는 빈도가 좀 덜하고 엘리베이터나 계단 바로 옆집처럼 모든 입주자들과 가깝게 지낼 수 있는 환경에 있는 사람들은 그 건물 전체의 사람들과 더 밀접한 관계를 나눌 수 있다.

직장에서 누군가와 사귀어도 동료애는 살려두어라

흔하게 저지르는 실수가 있다. 절대로 해서는 안 되는 것이기도 하다. 한편으로는 직장생활에서 가장 중요한 것이기도 하다.

직장에서 누군가 특별한 사람을 만나기 시작했다. 그와의 만남이 중요해지다보니 다른 이와의 관계는 소홀해진다. 본의 아니게 다른 직장 동료들을 멀리하게 되는 것이다. 지금껏 직장 동료들이 자신의 짝을 찾는 걸 도와주었을 수도 있는데 왜 자꾸 멀어지려 하는건가? 조심하지 않으면 그들은 적이 될 수 있다.

자신이 누군가와 사귀고 있다는 것 때문에 직장동료들에 대한 행동을 바꿀 필요는 없다. 금요일 퇴근 길에 동료들과 맥주 한 잔 하곤 했다면 평상시 하던 대로 동료들과 어울리는게 좋다. 직장동료들과 커피 마시며 수다떠는 걸 즐겼다면 예전처럼 하는게 좋다. 늘상 어울리던 동료들을 찬밥 취급 하면 문제가 커질 수 있다. 누구도 그걸 좋아할 리 없다. 자꾸 그러다보면 자신이 빠진 빈 자리에 소문만 무성해지는 것이다.

직장동료들과 부딪히지 않을 데이트 장소를 물색하라.

레스토랑이 딱 세 개 밖에 없는 작은 마을에 살고 있다면 이 조항을 무시해도 좋지만 그렇지 않다면 주의해야 한다. 사생활은 어디서나 중요하다. 비밀 정보국의 007요원이 아니라 할지라도 개인적인 것과 그렇지 않은 것을 철저하게 구별해야 한다. 남들이 빤히 쳐다보기 쉬운 곳에서 움직이는 것은 결코 권하고 싶지 않다. 사람들에게 가십거리를 일부러 제공해줄 필요가 없는 것이다.

사랑에 빠진 두 남녀의 비밀은 언제든 깨질 수 있다. 부작용을 낳을 수도 있고 실제보다 훨씬 더 부풀려져 사람들에게 알려질 수도 있다. 회사가 생활의 근거지이기는 해도 부모는 아니다. 자신의 이성 문제에 가급적 회사가 개입할 수 없게 해야 한다.

무엇을 하든 어디로 가든 깔끔하게 하라.

누군가를 어디서 어떻게 만나든 인간 관계에는 위험이 따르기 마련이다. 때문에 소중한 사랑이 깨지지 않길 바란다면 위험 관리에 충실해야 한다. 매사를 깔끔하게 처리해야 하는 것이다.

회사 내에서 짝을 이룬 커플의 경우 서로를 꽤 잘 안다고 자부한다. 그러나 그것은 함정이다. 동료 관계일 때와 연인 관계일 때 다른 인격이 드러날 수 있기 때문이다. 이같은 사실을 미리 아는 사람들 중에는 직장에서의 연애를 기필코 피하려 들기도 한다.

▶ 내 경력을 걸어도 후회하지 않을만한 사람이 아니라면, 난 직장에서 누군가와 절대 엮이지 않을 거야.

▶ 우리 사이가 잘 되지 않을 경우, 우리들의 우정을 잃을까 걱정돼.

▶ 직장동료와 사랑에 빠질 경우, 자칫 잘못하다가는 둘 중 한 사람이 사무실을 떠나야 할지 모르는 일이 생길 수도 있어. 난 우리 둘 중 하나가 그렇게 되는 것을 상상할 수가 없어.

샌프란시스코에 있는 어떤 로펌은 특이한 서류를 제공해 주고 있다. 직장커플을 위한 사랑의 합의서가 그것이다. 과거든 현재든 미래든 직장에서 일어난 연애의 역사를 무조건 비밀에 부치자는 비밀 맹세인 셈이다.

1998년 샌프란시스코의 법률회사 리틀러 멘델슨(Littler Mendelson)은 빌 클린턴과 모니카 르윈스키의 스캔들을 계기로 '직장연애 비밀서약'을 시작했다. 그후 최소 1,000쌍 이상이 이런 직장연애 비밀 서약을 작성한 것으로 추정된다.

최악의 시나리오를 써보라.

최악의 경우를 상상하는 건 결코 즐겁지 못하다. 이제 막 뭔가를 시작하려 하는데 끝을 미리 생각하고 싶은 사람은 없을 것이다. 그래도 나중을 대비할 필요가 있다. 미래의 어느 날, 직장 안에서의 사랑이 깨져버릴 때 어떻게 대처할 것인지 염두에 두어야 하는 것이다.

직장 안에서 만난 사람과의 사랑이 끝났을 때의 당혹스러움은 뭐라 말하기 힘들다. 두 사람은 어쩔 수 없이 서로 마주치게 된다. 같은 부서, 같은 층에 있지 않을지라도 어느 순간엔가 마주칠 것 같아 심리적으로 불안하다. 엘리베이터에서, 구내식당에서…… 또는 회의석상에서 이제는 어쩔 것인가?

기업경영 전문가들은 직장연애를 시작하는 이들에게 사랑을 끝냈을 때 어떻게 할 것인지 생각해 볼 것을 권고한다. 눈에 콩깍지가 씌

이면 절대 잘못될 것이라 생각되지 않는다. 물론 미리부터 겁먹을 필요는 없다. 그렇다 할지라도 이성적으로 한번 점검해 보는 게 나쁠 것은 없다. 이런 생각을 한다고 해서 둘 사이의 관계가 나빠지는 것도 아니다. 혹시라도 관계가 깨졌을 때 어떻게 대처할 것인가에 대해 미리 생각해두어서 나쁠 건 없는 것이다.

토론해야 할 주제들

▶ 연애가 끝났을 때 직장 사람들에게 알려야 할까? 알려야 한다면 어떻게 말해야 할까?

▶ 상대의 개인적인 습관이나 비밀, 또는 둘 사이에서 있었던 일을 직장동료들에게 이야기 할 수 있을까, 없을까?

▶ 아무리 유혹적일지라도 직장에서 서로에 대한 비난은 절대 금지해야 한다.

10장.

사무실에서 하지 말아야 할 것

직장연애에는 금기사항이 있다. 하고 싶어도 절대 하지 말아야 할 일이 존재하는 것이다. 약간의 고통을 불러일으키겠지만 인생이란 어차피 그런 것이다.

직장에서 절대 애정행각을 벌이지 마라.

이 문장을 보고 깜짝 놀랐을 수도 있다. 누군가에게 들킨 듯 화들짝 정신이 들었을 수도 있다. 그만큼 직장 내에서의 스킨십은 조심스럽고 위험한 것이다.

직장에서 사랑의 대상을 찾았다 할지라도 직장은 분명 일하기 위해 다니는 곳이다. 직장에서는 누가 뭐라해도 일이 우선이다. 사랑의 표현은 개인적인 시간에 가져야지 계단 한구석에서 단둘이 마주쳤다고 짜릿한 스킨십을 즐기는 것은 바람직하지 못하다.

직장에서는 절대 말다툼하지 마라.

남자친구가 아무리 큰 잘못을 저질렀다 하더라도 직장에서는 절대 말다툼하지 말아야 한다. 그가 제2의 카사노바라는 사실을 알게 되었다 해도 내색하지 말고 그가 옛 애인을 만나기 위해 중요한 약속을 헌신짝처럼 내팽개쳤다 하더라도 얼굴빛을 울그락 푸르락 하지 말아야 한다. 그같은 문제를 회사로 끌고 오면 정말 곤란하다. 싸움은 집에서 하거나 밤에 전화로 불러내 남자의 코를 콱 깨물어 버리는 편을 택해야지 직장에서는 절대 서로를 쫓아다니지 말아야 한다. 험악한 얼굴 표정을 주고받아서는 안되는 것이다.

왜 그런지 설명할 필요도 없다. 그따위 짓거리는 인간을 유치하게 만든다는 것을 다 알 것이기 때문이다. 미숙한 인격체로 낙인받아 직장 동료의 안주거리가 되고픈 사람은 없을 것이다.

모든 직장동료들이 다 친구는 아니다. 동료들 중에는 사랑의 곤경에서 허우적대는 다른 동료를 비웃으며 남들과 부정적인 정보를 교환하는 사람도 있을 것이다. 그런 사람을 상대로 오만가지 부정적인 감정을 드러냈다가 불필요한 오해거리를 만들 필요가 없는 것이다.

괜한 감정표현은 자신과 자신의 남자친구에게 고통을 자초할 뿐 아니라, 애매한 사람까지 고통받게 만든다. 래리의 주변 경험담을 들어보도록 하자.

"뉴 테크놀로지 분야에서 일자리를 구했어요. 책상에 앉고 나서야, 내가 한 쌍의 부부 사이에 앉게 된 걸 알았습니다. 둘은 24시간 내내 뭔가 문제가 있더군요. 어떤 문제들인지 말해볼까요? 남편이 까다로운 고객 때문에 어쩔 줄 몰라 하면, 부인은 이렇게 말해요. '안 돼요. 이렇게 해야 된다고.' 그러면 남편이 외치지요. '나한테 이래라 저래라 하지 말라고 했지!' 난 빠져나갈 방법이 없었어요. 내 자리는 바로 두 사람 사이에 있었거든요. 두 사람은 하나를 놓고 수십가지 방법으로 싸웠어요. '그러게 내가 뭐랬어!' 라는 말을 둘 다 입에 달고 살았어요. '내가 뭐랬어'가 일상생활이었어요. 때론 말도 안 되는 걸 가지고 다투더라구요. 퇴근 후에 누가 슈퍼마켓에 가서 장을 보느냐 따위를 놓고도 싸웠어요. 정말 한심했지요. 분명 둘이 함께 하는 시간이 너무 많은 게 문제였어요. 따로 떨어져 지내는 개인 공간이 전혀 없어 끊임없이 서로의 얼굴을 마주보고 있었으니까요. 그런데도 우리 팀 동료들 중 누구도 두 사람의 문제에 대해 상부에 보고하지 않았어요. 서로 똘똘 뭉쳐 거의 참견을 하지 않았죠. 각자 해야 할 일이 쌓여 있었으니까요. 1년 반 후 난 부서를 옮길 수 있었습니다. 아주 날아갈 것 같더군요."

자질구레한 연애스토리를 직장동료와 나누지 마라.

사랑에 빠진 사람은 친한 친구 모두에게 전화를 걸어 시시콜콜한 걸 모조리 털어놓는 경향이 있다. 친구들은 태풍을 예보하는 기상학자보다 더 열정적으로 친구의 연애에 관한 기상변이에 깊은 관심을 보인다.

새로운 남자친구에 대해 절친한 친구에게 이야기하는 것은 괜찮다. 그러나 그 이상을 친한 직장동료에게 말해서는 안 된다. 그의 이전 여자친구가 누구였는지 남자가 사각팬티를 입었는지 삼각팬티를 입었는지 절대 말하지 않는게 좋다. 월차휴가를 내고 그와 어디에 다녀왔는지 말해서는 더더욱 안된다.

함께 퇴근하지 마라. 함께 출근하는 것은 더욱 나쁘다.

지키기 힘든 일이란 것을 잘 안다. 특히 둘의 관계가 직장동료 모두에게 이미 알려졌다면 더욱 힘들 것이다. 그러나 둘이 함께 퇴근하거나 출근을 하면 두 사람이 각자 따로 밤을 보냈을지라도 직장동료들은 둘이 그렇고 그랬을 것이라고 단정해버리기 쉽다.

함께 퇴근하지 않고 함께 출근하지 않는다면 커플의 관계는 진지하게 보인다. 직장 동료들은 두 사람의 로맨스에 대해 함부로 입에 올리기 조심스러워 할 것이다. 단순한 직장 동료를 넘어 원숙한 커플로 보이게 해주는 것이다.

서로의 자리를 기웃거리지 마라.

서로의 책상에 뻔질나게 왔다 갔다 하는 것은 동료로서 가만히 지켜보기 힘들다. 단둘이만 커피를 홀짝 거리는 것, 다른 직장동료를 젖혀두고 애인과 농담을 주고받는 것은 정말이지 꼴불견이다.

특별한 날 남의 눈에 뜨이는 선물 따위는 보내지 마라.

커다란 곰인형 따위를 사무실로 배달시켜 괜스레 동료들의 호기심을 자극할 필요가 없다. 꽃다발을 보내는 것도 썩 좋지 않다. 차라리 집으로 배달시켜 받아보는게 좋다. 다른 선물은 조용히 밖에서 만나 주고받는게 최고다. 무엇하러 떠들썩하게 연애를 소문내려 하는가? 다 필요 없는 짓이다.

일에서나 사랑에서 모두 프로처럼 보여야 한다. 자기 할 일을 말끔하게 끝내놓고 단둘이 만나야 한다. 두 남녀 사이는 은근하면서도 뜨겁고, 감출 듯 말듯 비밀스런 구석이 있어야 하는 것이다.

공공연한 애정 표현은 금물, 회식 자리도 조심스럽게

직장 동료들은 두 남녀가 복사기 옆에서 시시덕거리는 꼴을 보고 싶어 하지 않는다. 자신은 아무리 뻔뻔스러운 행동을 할지라도 남들이 그러면 눈쌀을 찌푸린다. 직장 커플들을 싫어하는 이유도 특별한 이유가 아니라 그처럼 사소한 것들이다.

사무실에서 일상적으로 눈에 거슬리는 행동이 커플 사이에는 더욱 반복적으로 일어날 수 있다.

누구도 사무실에 함께 들어가 문을 걸어 잠그는 걸 보고 싶어 하지 않는다. 크리스마스 파티에서 거나하게 한 잔 한 다음에 애인의 꽁무니를 따라 나가는 동료의 모습을 보는 것도 좋아하지 않는다. 만약 그런 모습을 보았다면 확인해 볼 필요도 없이 뒷말이 무성해질 것이다. 사무실은 가십으로 넘쳐날 것이다. 그곳에 없어서 직접 목격하

지 못한 모든 직원들은 몇다리 건너 전해들은 이야기를 부풀려 제멋
대로 떠들어댈 것이다.

직장여성을 위한 온라인 그룹, 월드위트(WorldWIT)가 조사한 바
에 의할 것 같으면, 35,000명 중의 61%가 직장연애 경험이 있다고 한
다. 그 중 20%는 사무실 안에서 넌지시 끈적거리는 행동을 했다고 인정
했다.

가십을 즐기는 사람들 중 다수는 무분별한 직장커플을 흉본다. 어
쨌거나 스스로 절제의 미덕이 부족하다는 것을 만천하에 드러낸 꼴
이 되었으니 변명의 여지가 없다. 사람들의 호기심을 자극하는 행동
을 자초하고 난 후에는 누구나 후회막심일 수 밖에 없다. 샤론의 경
우가 그랬다.

자판기 고백 

"윌과 나는 캘리포니아 맘모스에 있는 스키 회사에서 일하고 있었습니다.
어느 날 우리는 회사 야유회에서 같은 리프트에 앉게 되었어요. 난 장갑
을 잃어버려서 손이 꽁꽁 얼어있었죠. 윌이 내 손을 꼭 잡더니 따뜻하게
입김을 불어넣어 주었어요. 우리는 밸런타인 데이에 첫 번째 데이트를 하
게 되었죠. 그 후 친밀한 사이가 되었어요. 한동안은 직장 동료들에게 우
리 사이를 비밀로 했어요. 몇 달 후 퇴근 후 술자리에서 춤을 추러 나가
게 되었는데 술기운 때문인지 서로의 몸을 어루만지며 프렌치 키스를 하

비밀스런 행동에는 불편함이 요구된다. 하지만 비밀은 필요하다.
아름다움을 위해 고통을 감내하듯 사랑을 지키기 위해 금기사항이
필요한 것이다. 규칙은 인간의 행동에 제약을 가하지만 반드시 지킬
만한 가치가 있다.

11장

직장동료 구워삶기

두 남녀가 사랑에 빠졌다. 인생은 멋지다. 일도 근사하다. 그런데 두 사람의 중요한 결합을 동료들에게 말해야 하는건가?

A) Yes   B) No

C) 상황에 따라서

확실한 지침 방안을 알려주기 전에 몇 가지 질의응답을 해 보자.

둘의 교제가 얼마나 알려져 있는가?

퇴근시간이나 회사의 회식자리에서 실수로 직장 연애를 '광고' 하게 되었다면 동료들에게 떳떳이 밝히는 게 당연하다. 두 사람이 서로를 어루만지는 것을 동료들에게 목격 당했는데 둘 사이에 무슨 일이 일어나고 있는지 동료들이 모를 리 없기 때문이다.

직장동료들은 촌락공동체의 이웃들처럼 미주알고주알 캐묻기 좋아하는 무리들이지 침묵하는 성자가 아니다. 술에 취해 한번 실수한 것이라고 변명하면 그들이 믿을 것 같은가? 오히려 유치하고 한심한 인간

취급을 받을 것이다. 이 경우는 그냥 솔직하게 털어놓는게 상책이다.

둘 사이의 교제를 비밀로 지키는 것은 이전에 비해 그리 일반적이지 않다. 2007년 Careerbuilder.com의 조사에 의할 것 같으면, 직장에서 이성교제를 하는 사람들 중에서 단지 34%만이 자신들의 교제를 비밀로 지켰는데, 이 수치는 2년 전 50%보다 낮아진 것이다.

직장연애에 대한 회사의 방침은 무엇인가?

지금 막 싹트기 시작하는 연애가 문제를 일으킬 수 있는 회사에서 일하고 있다면 보다 오랫동안 둘만의 연애를 덮어두고 싶을 것이다. 직장연애를 금지하는 회사에서 일한다면 특별히 그럴 것이다. 이 경우에는 자신이 사랑과 일 중 하나를 취사선택해야 할지도 모른다는 가능성을 염두에 두고 행동해야 한다.

당신은 몇 살인가?

20대 직장인들의 경우에는 나이 든 직장인들에 비해 직장연애와 관련해 어떻게 행동하더라도 좀 용서가 되는 경향이 있다. 정서적으로 격동이 심한 때이고 실수도 할 수 있는 나이라는 것을 직장 상사나 동료들이 경험을 통해 알기에 눈감아 주는 것이다.

그러나 어리고 미숙하다는 이유만으로 직장에서의 만남과 헤어짐을 반복한다면 용서받을 수 없다. 때문에 나이가 어리다 할지라도 연애생활을 드러내는데는 조심할 필요가 있다. 공개적으로 떠벌리는 것은 무조건 삼가야 할 일이다.

자신이 서른살 넘게 나이를 먹었다면 더 신중하게 판단해야 한다. 회사에서 존중받는 사람이 되고 싶은 욕망을 잊지 않으면 되는 것이다. 한 조사에 의할 것 같으면, 18세에서 24세까지의 비교적 젊은 근로자들의 57%가 자신들의 사내연애에 대해 완전히 오픈하는 반면, 보다 나이든 직장인은 단지 25%만이 사내연애를 오픈했다.

자 판 기 고 백 

"우린 같은 부서에서 근무했지만 서로 다른 일을 하고 있었어요. 우리 사무실 사람들은 꽤 친하게 뭉쳐 있었어요. 함께 돌아다니고 함께 놀았지요. 거의 모두가 젊고 미혼이었는데 그중 스티브와 점점 가까워졌어요. 어느 날 밤 우리가 함께 퇴근할 때 갑자기 비가 쏟아지기 시작했어요. 우린 우선 비를 피할 수 있는 곳으로 뛰어 들어갔어요. 그 다음은 뭐 그렇고 그렇게 됐죠! 정말 미친 짓이었고 기분도 울적했어요. 그 일이 있고난 후 우리는 서로를 다시 생각해 보게 되었지만 한동안은 아무 내색도 하지 않았어요. 며칠 후 그가 '점심 같이 먹자'고 편지를 보냈어요. 그 후 서로 사귀게 되었지만 그 사실을 2년 동안 비밀로 해두었어요. 스티브의 경우 연애 관계는 프라이버시라는 생각이 확고했어요. 우리가 깨질 경우 모두가 우리 사이를 알고 있다면 훨씬 더 끔찍해 질 거라고 생각했죠. 하지만 같은 부서에서 나란히 함께 일하는 것이 편안하지만은 않았어요. 누

사생활에 대해 제고할 때는 한 가지를 더 생각해 보아야 한다. 그것은 자신이 비밀로 하고 있다고 해서 모든 것이 비밀로 유지되지는 않는다는 것이다.

남자들의 경우 여자보다 사생활을 털어놓는데 너그럽다. 다시 말해 여자들만큼 조심스럽지 않은 것이다. 이유는 말하지 않아도 알 것이다. 직장에서의 연애 사실이 공개되었을 경우, 자신에게 돌아올 악영향이 크다고 느끼는 쪽이 대부분 여자인 것이다.

● 직장연애의 역사 ●

1669년. 당시 스카롱(Scarron) 미망인이었던 맹트농 부인(Marquise de Maintenon)[10]은 프랑스의 루이 14세의 사생아들을 지도하는 가정교사로 임명되었다. 그 후 그녀는 왕의 총애를 얻어 맹트농의 토지와 후작부인의

---

10) 본명은 프랑수아즈 도비녜로 니올에서 태어났다. 시인 아그리퍼 드 비니에의 손녀이기도 한 그녀는 프로테스탄트 교육을 받고 자랐으나 아버지가 죽은 후 가톨릭으로 개종하였다. 어머니도 죽고 가난 속에 고아가 되어 17세에 시인 스카롱과 결혼, 1660년 사별하였다. 루이14세의 정부 중 한명이었던 몽테스팡 부인과 루이 14세 사이에 태어난 왕자의 양육을 맡고 있다가 나중에 루이 14세의 마음을 사로잡아 그와 비밀결혼식까지 올렸다. 생 시르학원을 창설하여 가난한 귀족의 자녀를 기숙생으로 수용하고 스스로 경영과 교육을 맡았다. 이 때의 교육방침과 경험은 저서 《서간집》(1752~1756)에 고전적인 명문(名文)으로 기록되어 있으며, 이로써 그녀의 이름은 프랑스 문학사에 남아 있다. 왕이 죽은 후 생 시르로 은퇴하여 생애를 마쳤다.

마지막으로 둘 사이를 비밀로 해두는 것이 훨씬 더 로맨틱하다고 보는 입장이 있다. 그런 에로티시즘엔 굳이 반대하지 않는다. 침실에서의 드라마를 드높이는 일은 무조건 찬성할 만 하다. 사실 직장 연애란 비밀에 붙여질 필요가 있는 로맨스란 점에서 근본적으로 드라마틱하다. 둘 사이의 관계가 견고한 것이든, 전도유망한 것이든, 아니면 단기간에 불탔다가 곧 꺼지든 상관없이 직장연애는 한편의 드라마라 할 수 있다.

12장.
상대가 직장상사 또는 부하직원이라면

그는 회사의 부회장이고 자신은 지금 막 일을 시작하는 신입 직원이다. 반대로 자신이 회사의 부회장이고 그가 신참나기일 경우도 있을 수 있다. 어느 쪽이 되었든 둘은 점점 더 많은 시간을 함께 보내고 있다. 진짜로 너무 많은 시간을 함께 보낸다. 이게 무슨 뜻일까?

아무리 직장연애 사업이 번성하는 회사라 할지라도 회사측 입장에서는 '절대불가' 라는 영역이 남아있다. 그것은 바로 상사 또는 부하와의 연애관계이다.

자신의 업무를 평가하는 사람, 또는 자신이 지시전달을 하는 사람과는 절대 연애하지 말라는 조언은 어디에나 넘쳐난다. 이같은 경우에 대해 컨설턴트들이 반대하는 이유는 눈 뜬 장님도 알 수 있다. 차별에서 시작해 성희롱에 대한 책임까지 실로 복잡한 문제가 꼬이기 때문이다. 진급, 급여인상, 포상 등 거의 모든 것에 의심의 눈초리가 따라붙기 때문이다.

재미난
통계

2007년 Vault의 통계에 따르면 근로자의 19%가 상사와, 15%가 부하직원과 교제를 한 경험이 있다고 한다.

인간의 마음이 법규를 알 리 없다. 세상의 법칙들이 절대로 그 선을 넘지 말라고 아무리 외쳐대도 금단의 벽 앞에서 너무나 커다란 행복에 빠져 있는 이들이 많이 있다. 직장 상사와의 연애 경험은 '제인 에어'에서부터 '브릿지 존스'에 이르기까지 거의 모든 여성 소설의 주제가 되다시피 했다. 이 플롯에 대한 영원한 로망이 그 인기의 비밀일 수도 있다. 과연 누가 소원성취를 하고 이야기의 주인공이 될 수 있을까?

상사와의 데이트에 대한 몇 마디 충고

엄청난 혼란을 야기하는 소동에 휩싸여 있다 할지라도 인간은 종종 낭만적일 필요가 있다. 같은 회사에서 일하며 높은 자리에 있는, 혹은 한참 낮은 자리에 있는 사람과 교제하는 위험을 걸 만한 유일한 이유가 남아있기 때문이다. 그건 바로 진실한 사랑이라는 가치이다.

현실적인 사람은 웃기는 소리 하지 말라고 할 수도 있다. 이에 굳이 대응을 하자면, 고뇌에 찬 눈길로 상대를 빤히 바라볼 수밖에 없다. 이 것은 아주 진지한 문제이다. 이성은 직속상관 또는 부하직원과 절대 교제하지 말라고 하지만 인간의 여리고 부드러운 감성은 사랑에 지위가 어디 있고 나이가 무슨 상관이냐며 눈물을 떨구려 드는 것이다.

결혼, 주택 대출. 육아에 매인 사람들에게는 아무 의미 없는 이야기 일 수 있다. 그러나 진실한 사랑에 대해 고민하는 사람이라면 다른 어느 것보다 가치있는 이야기일 수 있다.

상사나 혹은 부하직원에 대한 감정이 정말 진지하며 상대가 지금껏 만나왔던 누구보다 최고라는 확신이 들 경우 사랑을 지킬 필요가 있다. 더욱이 회사가 이런 상황에 대해 아주 나쁜 편견을 가지고 있지 않다면 시간을 두고 다소 우호적인 반응을 끌어낼 수도 있다. 그러나 그렇지 않은 경우가 많기에 각별히 조심하라고 당부하고 싶다. 둘 중 하나가 회사를 떠나야 하는 경우도 가정해두고 있어야 한다. 마음의 준비를 단단히 하고 이제 다음 과정으로 넘어가 보자. 의외의 해결방안이 나타날 수 있다.

▶ 우선은 둘의 관계에 대해 다시 한번 생각해 볼 것

▶ 진실한 마음, 포기할 수 없는 감정이라면 행동을 조심할 것

▶ 누구에게도 비밀을 유지할 것

▶ 결혼에 관한 확신이 들면 시간을 두고 관계를 유지할 것

▶ 미래에 대한 확신이 없는데 감정 정리가 되지 않으면 이직을 고려할 것

(눈에서 멀어지고 마음도 멀어져야 감정정리가 될 것임. 그래야만 괜스레 남의 눈에 들켜 입방아에 오르내리는 수모를 겪지 않아도 됨)

누구도 상사 또는 부하직원과 데이트하는 것이 쉽다고 말하지 않는다. 가정교사인 제인 에어와 로체스터 백작이 우여곡절을 거쳐 결혼약속을 했을 때 백작은 이미 만신창이로 추락한 상태였다. 그가 드넓은 영지에서 품위를 지키며 살 때는 성사되기 어려운 관계였던 것

이다. 그만큼 예나 지금이나 서열 차이가 심하게 나는 직장연애는 가슴 졸이게 고통스러운 것이다.

미국 경영학회에 따르면, 직장연애를 규제하고 있는 회사의 90% 이상이 직속상관과 부하가 교제하는 것을 금하고 있다고 한다. 그러나 70% 이상이 사내교제에 대해 문서화 된 규정이 없다. 회사에 상사와의 연애를 금지하는 공식적인 정책이 없을 가능성이 훨씬 더 크다고 볼 수 있는 것이다.

대부분의 기업들이 직원들에게 직접적으로 상사 또는 부하와의 교제를 만류한다. 포춘 500에 속하는 NCR의 경우를 보자. 그들의 사내 교우관계 지침서에 따르면, "NCR은 감독권, 고용권, 처벌권을 가지고 있는 직원과의 동거 및 교제 등을 강력하게 금지한다."

그럼에도 불구하고 그런 관계에 빠지게 되는 것에 대해 지침서는 이렇게 말한다.

"그런 관계에 연루되는 상관 또는 부하직원들은 즉시 그러한 관계를 종결시켜야만 한다."

직장연애에 대해 관대하다고 생각하는 기업조차도 상사와 부하의 교제에 대해서는 엄청나게 몸서리를 친다. 몇 가지 충고를 얻기 위해 직장연애 천국이라는 사우스웨스트 항공사 얘기를 들려주겠다.

"32,000명 이상의 직원이 있기에 상사와 부하직원 사이에 그런 문제가 당연히 일어날 수 밖에 없습니다."

사우스웨스트 항공사의 인사담당 매니저인 팜 앤더슨도 인정한다.

"하지만 누가 그런 일을 보고한다면, 미안한 일이지만 낭만적인 관계란 있을 수 없습니다."

그러니 이 난제를 어떻게 풀어야 할까?

"직원들이 전근을 신청하거나 아니면 최소한 자신들의 업무 역할에 따라 해결하기를 바랄 뿐입니다."

이 규칙은 그런 교제를 어찌 할 것인가는 개인이 알아서 할 문제라고 앤더슨은 덧붙였다.

어찌보면 사우스웨스트 항공사는 직장연애에 꽤나 우호적인 회사이다. 다른 회사의 경우는 대체로 이보다 엄격한 잣대를 들이댈 것이다. 그러니 잡다한 생각은 날려버리고 자신의 사랑이 진실한지 아닌지에 집중할 필요가 있다. 직업을 잃을지도 모른다는 위험을 각오하고 사랑해야 하는 것이다. 지금까지 차곡차곡 쌓아온 평판을 잃을 수도 있기에 사랑일지라도 반드시 조심하고 대비해야 한다.

신중하게 행동한다는 것이 수줍어 한다는 것은 아니다.

앞에서 얘기한 것처럼 상사나 부하 직원에게 행동을 개시할 때는 극도로 신중해야 할 필요가 있다. 신중하게 행동한다는 것이 수줍음을 의미하는 것은 아니다. 신중하다는 것의 진정한 의미는 평범하면서도 은근한 방법으로 관심을 드러내 보여야 한다는 것이다. 그래야만 기존의 좋은 관계를 망치지 않을 수 있다. 사람에 따라서는 이 같은 접근법이 그다지 로맨틱한 방법이 아니라 생각할 수도 있다. 하지만 자신의 의도가 제대로 전달되지 않을 경우를 대비하는 것이 자신의 슬픔과 당황스러움을 아낄 최고의 방법이기에 조심스런 방식을 택하라고 권유하는 것이다.

"난 당신이 고객을 다루는 요령을 보고 깜짝 놀랐어요. 나라면 그 상황에서 달팽이처럼 오그라들었을 거에요."

"그런 각양각색의 상황에 대처하는 당신의 방식에 놀라움을 금치 못하겠어요. 저도 그렇게 하고 싶은데 잘 안되요. 그런 점을 저에게도 가르쳐 주실 수 있나요? 일 끝나고 제가 저녁 살게요!"

같은 상황에서 관심을 표하는 방법은 성격에 따라 다르다. 두 번째 대화의 경우는 직접적이며 업무적인 이야기와 비업무적인 이야기가 모두 포함되어 있다. 그러면서도 그 쪽으로 굳이 귀담아 듣지 않을 사람이라면 쉽게 빠져나갈 방법이 동시에 다 포함되어 있다. 둘 다 얼마든지 쉽게 빠져나갈 수 있다. 이게 하나의 방법인 것이다.

거절의 가능성을 열어두어라.

상대에게 접근할 때는 확신에 차 있어야 하며 성숙하고도 침착하게 이루어져야 한다. 그래야 쉽게 거절하지 못하고 거절한다 해도 일말의 여지를 남겨둘 수 있다. 유쾌하고 생기발랄한 파트너십은 계속되어야 하기 때문이다.

미디어의 영향으로 사람들은 종종 배우처럼 행동한다. 이런 상황에서는 이렇게 해보고 저런 상황에서는 저렇게 반응하면 어떨까 연습해보는 것이다. 이같은 연습 행위는 괜찮은 습관이다. 승낙과 거절의 상황에 대처하는 요령을 익힐 수 있기 때문이다.

느낌이 오면 행동으로 옮겨라.

거절에 대한 두려움은 누구에게나 있다. 그렇다면 누가 먼저 두려움을 극복하고 행동에 옮겨야 할까?

상사가 먼저 움직여야 하나? 아니면 부하가 먼저 움직여야 하나? 그건 뭐라고 말할 수가 없는 부분이다. 상황에 따라, 개인에 따라 차이가 엄청나기 때문이다. 결론은 없다. 자신의 배짱대로 밀고 가는 방법 밖에 없다. 잭의 경우가 그랬다.

"저는 경찰간부였고, 캐이티는 말단 사무직원이었습니다. 난 결혼이나 아이에 대한 확신이 없었어요. 어쨌든 케이티는 경찰처럼 보이지는 않았어요. 긴 웨이브의 갈색 머리, 조심스런 화장, 아름다운 몸매 덕에 경찰 잡지의 표지 모델이 되었는데 정말 예뻤지요. 얼마 후 케이티에게 남자친구가 없단 소문을 들었습니다. 크리스마스에 그녀에게 장미꽃을 줘도 괜찮을까 고민했죠. 경찰서 밖에서 케이티에게 꽃을 주고 싶었어요. 그래야 그녀가 내 뜻을 분명히 알 테니까요. 크리스마스 날 퇴근 시간 무렵 밖에서 기다렸어요. 어찌된 일인지 시간이 맞지 않아 밖에서 한참을 떨며 기다리게 되었지요. 어쨌거나 케이티에게 장미꽃을 주면서 말했습니다. '메리 크리스마스.' 그게 전부였어요. 데이트 신청은 하지 못한 채 서너 달이 흘러갔습니다. 내가 그녀의 상관이라는 점이 영 부담스러웠던 거지요. 당시는 성희롱에 대해 아주 예민하던 때이기도 했어요. 어쩌면 케이티는 데이트 신청을 기다리느라 지쳤을지도 몰라요. 그러던 어느 날 한 잔 하러 가자는 쪽지를 그녀의 우편함에 넣었죠. 그게 다예요. 그 날 이후 우리는 함께 볼링을 치러 다녔습니다. 그리고 2년 후 결혼했습니다. 결혼한 지 벌써 17년이 지났군요. 아이는 셋을 두었어요."

● 직장연애의 역사 ●

1998년, 엔론 사의 CEO로 있던 제프리 스킬링(Jeffrey Skilling)은 동료들로부터 '바 붐(Va-Voom)'이라는 별명을 얻은 동료직원 레베카 카터(Rebecca Carter)와 교제를 하고 싶었다. 행동에 나서기에 앞서 그는 회사 이사회에 교제에 대한 허락을 요청했다. 허락에 앞서, 위원회는 그 여자가 거절할지도 모른다고 농담을 하기도 했다. 하지만 그녀는 거절하

비밀유지의 규율을 잘 따르고 있다 할지라도 전에 언급했던 위험
을 다시 한번 새겨둘 필요가 있다. 마치 007 작전처럼 해야 하는 것
이다. 제임스 본드의 비밀스런 일처리와 연애방식을 참고할 필요가
있다는 것이다.

비밀을 유지하면서도 정상적인 생활을 하는 것이 중요하다. 나이
차라든가 직급 문제 때문에 이렇게 하는 것이 꺼림칙하게 느껴질 수도
있다. 그러나 진정한 사랑을 지키기 위해서라면 참아야 한다. 순간적
인 욕망 때문이라면 그럴 필요가 없다. 빨리 달아올랐다가 벌써 식어
버리고 있을테니 말이다. 여기서 카르멘의 이야기를 들어보도록 하자

자판기 고백 

---

11) 1990년 엔론 사에 입사한 스킬링은 2001년 2월 운영담당 임원에서 최고경영자로 취임한 후,
아주 잠시 회장직을 맡았다. 2001년 중순 스킬링은 느닷없이 건강상태와는 무관한 일신상의
이유로 미심쩍은 여운을 남기며 사임했다. 하지만 스킬링은 사임 전후 주식거래를 통해 엔론
에서 거의 9천만 달러에 이르는 거액을 챙겼다고 한다.

은밀한 정보교환의 피해자

지위가 다른 커플들 사이의 연애에는 몇 가지 위험이 도사리고 있다. 그 중 하나가 은밀한 정보 교환이다. 대부분의 사람들은 직장에서의 문제를 집에서도 이야기한다. 그리고 그런 이야기의 상대는 가장 친한 친구나 가족 들이다. 이때 회사의 누군가가 도마 위에 자주 오르면 그 사람의 평판은 곧 망가지게 마련이다.

직장상사는 광범위한 내부 정보의 소유자이다. 예산삭감, 구조조정, 크리스마스 세일즈 마케팅에 대한 스케줄 변경, 동료들의 지출보고서 등 내역이 수없이 많다. 그 정도 위치라면 민감한 정보를 연인에게 노출할 위험이 있다.

자신이 부하직원이라면 절대 정보 따위를 캐내려 하지 않는게 좋다. 누가 승진하게 될 것인지 묻지 말고 비밀스런 연봉협상이나 다른 부서의 마케팅이 어떤지 캐내려고 하지 말아야 한다. 업무를 수행하는 중에 자신의 파트너를 옹호하는 말도 삼가는게 좋다. 자신이 왕의 권세 뒤에서 호시탐탐 권력을 탐하는 왕비가 아니라는 걸 기억해야 한다. 담담하고 겸손하게 행동하지 않으면 직장동료들은 이상한 낌새를 눈치채고 등을 돌릴 것이다. 며칠 지나지 않아 자신의 등 뒤에서 수군거리는 동료들의 목소리가 들려올 것이다.

알아서는 안 될 무언가를 우연하게 알게 되었더라도 모른 척 해야 한다. 상대와의 사랑이 깨지고 난 뒤에도 마찬가지로 모른척 해야 한다. 가능한 한 입을 다물고 지낼 것, 이것은 시대를 초월해 직장에서 가장 유용한 불문율이다.

"제인이 6개월 전 해고 명단에 있었는데…"

스쳐지나가듯 이렇게 말했다면 마을 사람들, 즉 동료들은 그런 정보에 놀라움을 금치 못할 것이다. 하지만 그것 때문에 상대를 경멸하기 쉽다. 동료들은 빈정거리듯 그것 말고 또 무얼 아는가? 하고 캐물을 수 있다. 명심해야 한다. 존중받으려면 가능한 한 입을 다물어야 한다는 사실을!

지위가 다른 사람들이 연애관계에 놓일 때 사람들은 무조건 지위가 낮은 사람이 둘 사이의 관계를 이용해 신분상승을 꾀하기 위한 수단으로 보는 경우가 있다. 이것은 어불성설이다. 매우 억울한 일이라 할 수 있다.

이런 경우에 처하면 자기 관리에 더욱 엄격해져야 한다. 공기업의 최고 경영자가 사적인 관계를 유지하기 위해 공적인 혜택을 베풀면 회사법의 윤리규정에 따라 처벌당한다. 규칙을 어기면 직원들은 회사 정문 앞으로 곧장 달려 나가 시위를 할 수도 있다. 1980년, 벤딕스(Bendix)의 CEO 윌리엄 에이지(William Agee)는 비서와 잤다는 루머에 휩싸였다. 두 사람은 소문을 완강히 부인했다. 어쨌거나 언론은 그가 비서를 부회장으로 승진시켰다고 보도했다. 그녀가 최근 하버드에서 MBA를 따는 등 부회장으로서의 자격이 충분하다고 그는 주장했지만 아무도 그 말에 귀 기울이지 않았다. 그들은 2년 후 결혼했다. 이 경우 그녀가 아무리 업무를 잘 수행했다 할지라도 사람들은 공적인 능력으로 그녀를 평가하지 않는다. 공과 사의 갈림길에서 대다수의 인간들은 그다지 순수하지 못한 판단을 하게 된다.

● 직장연애의 역사 ●

1976년. 실세 정치가였던 웨인 헤이스(Wayne Hays) 하원의원은 엘리자베스 레이(Elizabeth Ray)가 "나는 타이프 칠 줄도, 파일 정리할 줄도, 전화를 제대로 받을 줄도 몰라요."라고 공개적으로 말했음에도 불구하고 그녀를 비서로 채용했다고 한다.[12] 흥미롭게도 그는 오랜 시간 자신의 비서로 있던 또 다른 여인과 결혼을 했다.

---

12) 전(前)하원의원 웨인 헤이스(Wayne Hays) 밑에서 일했던 엘리자베스 레이는 사실 헤이스를 비롯해 여러 의원들에게 성적 서비스를 해주는 여성이었으며, 자신을 "워싱턴의 부가급부(附加給附 [Washington fringe benefit] :임금 외의 은전)"라고 불렀다고 한다.

TV 드라마에서처럼 상사와 남다른 관계를 가졌다고 가정해 보자. 불순한 의도로 접근해 그런 관계에 이른 것이라면 본래의 목적을 위해 정보를 캐내고 주위 동료와 정보교환을 해도 상관없다. 주요한 과제를 마치거나 또는 진급하는데 있어 상사의 도움을 받아들일 수도 있다. 나중에 실컷 욕을 먹더라도 당장 필요하다면 그렇게 해도 된다.

하지만 자신의 마음이 올곧다면 차별과 편애라는 악평을 피할 방법을 찾아야 한다. 이에 관련된 대표 인물로 버락 오바마(Barack Obama)가 있다. 그는 로스쿨 1년을 마치고 시카고 로펌에서 인턴사원(summer associate)[13]으로 일을 시작했다. 거기서 그는 자신의 상사인 미셸(Michelle)을 보자마자 곧장 사랑에 빠졌다. 그가 그녀에게 마음을 전했을 때 그녀는 즉각 노(NO)라고 대답했다. 그는 끈질기게 따라다녔다. 그러나 그녀는 계속 노라고 대답했다. 그녀는 자신이 오바마의 상사이기에 오바마와 교제하는 것은 부적절하다고 생각했다. 그즈음 오바마는 포기했다. 그런데 그때 미셸은 마음을 돌려 오바마와 교제를 하겠다고 나섰다. 어느 날 오바마는 미셸을 배스킨라빈스 아이스크림 가게에 데리고 갔다. 한 잡지와의 인터뷰에서 오바마는 이렇게 말했다.

"그 때의 키스는 초콜릿 맛이었습니다!"

---

13) 미국의 로펌은 주로 2학년 말 여름에 일을 시켜본 사람 중에서 고용을 하는데 이들을 "summer associate"라고 부른다.

성적인 것이 왜 문제가 되는지 우리는 알고 있다. 세상은 남자보다 여자를 가혹하게 평가한다. 이것은 직장연애에서도 마찬가지이다.

2001년 코네티컷 대학 교수 게리 포웰(Gary Powell)은 다음과 같은 사실을 알아냈다. 당시 MBA 수료생들에게 경영진과 미혼의 젊은 부하직원 사이의 교제에 대해 어떻게 생각하느냐는 앙케트를 실시한 적이 있었다. 그들은 부하직원이 여자라고 생각했을 때에는 그 상황을 아주 가혹하게 평가했다.

반대로 여자 상사와 교제하는 남자 직원에 대해서는 그리 나쁘지 않게 여겼다. 2006년 Careerbuilder.com의 조사에 의할 것 같으면 여자 상사와 교제하는 남자 중 25%는 연애가 자신의 일에 도움이 된다고 말했다. 그에 비해 남자 상사와 연애하는 여자 직원들은 13%만이 도움이 된다고 밝혔다. 결과만 두고 본다면 직장연애는 여자에게 더 불리하다. 현대사회에도 여성차별은 여전히 건재한 것이다.

13장

입사동기와 연애하기

　　보통의 직장인이 이상적으로 꿈꾸는 직장커플은 회사 안에
서 동등한 관계일 것이다. 한두 해 선배나 입사 동기들은 직장 생활
을 하는 내내 큰 힘과 의지가 되어줄 것이기 때문이다. 사실 직장에
서는 그들과 자연스레 연인관계가 형성되는 경우가 적지 않다.

일에 있어서 직접적으로 경쟁관계에 있는 커플

　　같은 분야의 일을 하며 사람을 만나 사랑에 빠질 가능성은 언제나
열려 있다. 둘은 쉽게 의기투합할 수 있기 때문이다. 대부분의 동기
들은 함께 입사하는 순간부터 엄청난 동료 의식과 유대감을 갖게 마
련이다.

　　비슷한 또래에 비슷한 배경을 지니고 있는 동기들과는 친하게 지
낼 여지가 높다. 봉급도 고만고만하게 거의 비슷하고 상사의 성격이
불같거나 직장동료가 참을 수 없는 존재여서 그 사람에 대해 함께 불
평불만을 터뜨릴 수 있기에 더욱 가깝게 느껴지는 것이다.

　　물론 전혀 반대의 경우도 존재할 수 있다. 경쟁이 심한 조직일 경
우 관계가 미묘해지는 것이다.

연인과 직접적인 경쟁에 있는 사람들이 적지 않다. 그들은 경쟁하는 적과 사랑에 빠진 셈이다. 얼마든지 있을 수 있는 일이고 상대가 적이기에 연애의 희열은 더욱 높다고 볼 수 있다. 단지 몇 가지 문제만 참으면 되는 것이다.

경쟁적인 이웃 부서 직원과 사랑에 빠져있을 때 그에 대해 함부로 말하는 옆자리 동료가 있을 수 있다. 둘 사이에 대해 아무 것도 모르는 동료라면 충분히 그럴 수 있다. 그런 경우에 처할 때 절대로 그를 방어해서는 안 된다. 동료에게 자신과 그가 특별한 사이라는 것을 드러낼 필요가 없는 것이다. 그런 말을 들을 때면 그저 '흠' 하고 넘어가거나 중립적인 입장에서 그들을 이해하려 노력해 보는 게 현명한 방책이다.

직장 커플로 감내해야 할 여러 가지 사안에 비하면 그다지 어려운 일이 아니다. 누구나 조금만 주의하면 할 수 있는 일이다. 직장에는 또 다른 커플들이 있을 수 있다. 위에서 말한 것처럼 자연스런 대처 방법으로 눈에 띄지 않을 뿐이다. 그들이 함께 대응해 내지 못했다면 그 자리에 계속 여유있게 앉아 있지 못했을 것이다.

한쪽이 기울어진 커플

두 사람이 똑같은 직업을 갖고 있다면 어떨까? 위에서 언급한 것처럼 같은 일을 하고 있다면? 그런데 둘 중 하나는 기울기 시작하고 다른 한 쪽은 하늘의 별처럼 마구 마구 떠오르며 승승장구하고 있다면? 분명 재미없을 것이다. 비참한 기분에 당장 떠나고 싶을 지도 모른다.

서로 다른 직장에서 일하고, 둘 중 한 사람이 자신의 부족함을 괴팍한 상사나 여성차별 같은 문제로 돌릴 수 있다면 이야기가 다르다. 하지만 둘 모두 같은 직장에서 같은 일을 하고 있는데 한 사람은 실패의 쓴 잔을 마시며 절뚝거리고 다른 한 쪽은 계속해서 잘 나가게 된다면 둘 사이 엄청난 갈등이 생겨날 수 있다. 동료들 사이에서 한 사람은 인기가 좋은데 다른 한 사람은 그렇지 못할 경우에도 문제가 커질 수 있다.

하지만 먹구름 사이에도 희망의 태양은 떠오른다. 이런 상황에서 보다 중요한 해결책을 얻어낼 수 있는 것이다.

자신이 잘 나가는 사람이 아니라면 왜 그런지 알아볼 필요가 있다. 모든 문제가 자신의 내부에서 비롯되었을 수도 있고 아닐 수도 있다. 자신으로부터 비롯된 문제가 아닐 경우 조안의 남편 마이크가 했던 것처럼 자신의 재능을 맘껏 펼칠 곳을 찾아 직업적인 가능성을 보다 증대시켜야 할 것이다.

자 판 기 고 백 

> "새 직장에 취직하자마자 대학동창이었던 남자친구와 깨졌어요. 어느 날 책상에 앉아 있는데 마이크한테서 쪽지가 날아왔어요. 서로 부서는 달랐지만 비슷한 일을 하는 남자였어요. '커피 한 잔 하지 않을래?' 우린 즉시 통했지만 우리 사이가 간단하지만은 않았어요. 내가 막 승진을 했을

때 마이크는 여전히 제자리였어요. 마이크가 내 충고를 원하지 않는다는 것을 깨닫기까지 시간이 좀 걸렸어요. 마이크는 자신이 직접 자신의 상황을 풀어야 했어요. 난 마이크의 비전을 존중했고 또 그 사람을 믿었어요. 어느 날인가 그의 부서에서는 그가 성장할 가능성이 없다는 것을 마이크의 상사로부터 듣게 되었어요. 마이크는 다른 부서에 지원했고 기적적으로 좋은 자리를 얻어냈어요. 그쪽 사람들은 오늘 날까지 마이크를 좋아하고 있어요.

자신은 건재한데 같은 직장에 있는 연인은 계속 기울어지기만 한다면 꽤나 골치가 아플 수밖에 없다. 그에게 자신의 평생을 맡겨도 좋을까를 다시 고민하게 되기도 하고 잠시 휴지기를 가져야겠다는 생각이 들 수도 있다. 자신의 연인이 스스로 발등을 찍는 일을 하고 있다고 생각될 때도 있을 것이다. 아니면 단지 그의 상황이 좋지 않은 것 뿐일 수도 있다.

어찌해야 할지 결정하기 위해 이 모든 것에 대해 계산기를 두드리지 않을 수 없다. 그의 결점이 영 마음에 들지 않는다고 판단이 서면 그와 정리할 마음이 강해진다. 이는 그가 자신에게 그다지 중요한 사람이 아니라는 것, 함께 역경을 헤쳐 나갈 사람이 아니라는 것을 말해주는 것일지 모른다. 아마도 그가 힘겨운 처지에 있고, 앞으로는 제대로 커나갈 수 있다고 하더라도 현재의 나만큼 그리 잘 될 것 같지 않을 수 있다.

그의 상황이 어떤지 분명하게 살펴볼 필요가 있다. 자신의 상황은 어떤지 철저하게 조사하고, 조사를 마쳤으면 그 정보에 따라 행동하는게 옳다.

부러울 정도로 궁합이 좋은 동료 커플

함께 일하면서 만난 커플이 같은 포상을 노리며 같은 일을 하는 경쟁자이면서 둘 모두 엄청난 성공을 거두고 있다. 그들은 함께 보내는 여가 시간을 사랑한다. 그들은 자신들만의 언어로 말한다. 그들은 둘 다 자신들의 일에 재능이 있고 스스로의 일을 엄격히 관리하며 앞으로 나아가고 있다. 그들은 결혼한 후에 아이를 낳고도 같은 회사, 같은 부서에서 계속해서 일한다.

정말 근사하다. 아주 드물지만 사람들은 아름다운 모습으로 함께 일하기도 한다. 그들은 때때로 어떤 지점에 회사를 떠나 함께 회사를 차리기도 한다. 정말이지 이런 커플들은 신문에 대서특필되는 이혼 거리를 한 방에 날려버린다. 리사와 마이클은 그렇게 몇 십 년을 함께 해왔다.

자판기 고백 

리사 : 우리는 텔레비전 뉴스 프로그램의 시청자 담당 부서에 새로 취직을 한 상태였어요. 마이클은 방송 엔지니어였고 나는 프로듀서였습니다. 우리 부서는 규모가 작았기에 책상도 거의 붙어있다시피 했어요. 내가 정확히 마이클의 상사는 아니었어요. 하지만 마이클에게 지시를 내리는 일

이 더러 있었어요. 마이클은 언제나 반쯤 장난스러웠고, 언제나 듣기 좋은 소리만 했어요. 난 관심이 없었어요. 그때 만나는 사람이 있었거든요.

마이클 : 우린 그저 함께 일하기로 되어 있었던 거죠. 그녀는 내 프로듀서였습니다. 하지만 난 리사를 보자마자 그녀에게 끌렸습니다. 리사는 아름다웠어요. 몇 달이 지나면서 그녀의 육체적인 매력 이상이 보였습니다. 그녀는 영리한데다 적극적이고 일에 대한 열정이 넘쳐났으니까요.

리사 : 크리스마스 파티 때였어요. 난 혼자 파티 장소에 일찍 도착해 바에서 칵테일을 마시고 있었어요. 곧 마이클이 도착했는데 그때 사람들이 음악 소리에 맞추어 춤을 추기 시작했어요. 약간의 취기 때문인지 어느 순간 나는 마이클에게 다가가 입을 맞추었어요. 파티장 한 가운데서 말이에요. 모두가 깜짝 놀라더군요.

마이클 : 우리의 첫 번째 데이트는 회사 크리스마스 날 밤이었습니다. 춤을 추다가 좀 더 친밀해지는 식으로 이어졌죠. 그러면서 이런 게 데이트라는 걸 분명히 알게 되었습니다.

리사 : 우리 편집실은 꽤 자유로웠어요. 우리 말고도 최소한 다른 네 쌍이 더 있었으니까요. 아주 잘 되었습니다. 마이클은 나의 직장 동료이자 가장 친한 친구였어요. 우린 친구로 시작했어요. 그게 우리들 애정과 성공의 열쇠였어요.

마이클 : 우린 크리스마스에 약혼했습니다. 직장에서 우리 자리는 여전히 칸막이로 나뉘어 있습니다. 칸막이는 아주 낮습니다. 칸막이 너머로 어깨와 머리를 볼 수 있죠. 이런 분위기를 이상하다고 생각하는 사람도 있더군요. 하지만 이 바닥엔 우리 같은 커플들이 꽤 있습니다. 디렉터와 프로듀서 커플이 있는데 함께 한지 최소 8년은 되었을 겁니다. 조그만 사무실

에서 나란히 앉아 일을 하죠. 우린 처음부터 우정이 밑바탕에 깔려 있었던 것 같아요. 우린 일과 집을 구분할 수 있습니다.

리사 : 우린 6년 동안 같은 프로그램에서 함께 일했어요. 그러다 맡은 프로그램이 달라졌지만 우린 여전히 서로 옆자리에 앉아서 함께 일을 했죠. 그러다 마이클이 직장을 옮겼어요.

마이클 : 리사와 함께 일하던 때가 그립습니다. 리사는 자신의 맡은 일을 아주 잘 해냈어요. 예쁘고 매력적이죠. 언제나 적극적이고 개방적이었어요. 일단 무슨 일을 하든, 어떻게 하면 잘 해낼 수 있는지 요령이라든가 노하우를 금세 알아냈습니다.

호흡이 잘 맞아 즐겁게 일할 수 있는 커플은 행복하다. 결혼 생활을 하면서 서로의 능력을 조화시키고 자신들의 경력을 쌓아갈 수 있으니 더욱 금상첨화이다.

● 직장연애의 역사 ●

2003년. 부부 뮤지션 윈 버틀러와 레진 샤생에 의해 인디 록밴드 '아케이드 파이어(Arcade Fire)'가 결성되었다. 이들은 여자 쪽이 몬트리올에서 재즈를 공연할 때 만났다. 이 밴드는 별도의 홍보 없이도, 인터넷에서 커다란 반향을 불러일으켰다. 실제 CD는 한 장도 내지 않았다.

공포분위기에서 움트는 사랑

우리는 모두 끔찍한 이야기들을 많이 들었다. 공포로 직원을 다스리는 상사. 누가 언제 해고될지 아무도 모르는 회사. 부하 직원에게 고함을 지르는 불량배 같은 상사. 직원들을 엄청나게 부려먹으면서도 휴가라든가 포상과는 거리가 멀고도 먼 회사.

어떻게 이럴 수 있을까? 공포 분위기는 객관적으로 볼 때 분명 나쁜 것이다. 하지만 수십 년 전, 한 교수가 대학생들을 두 그룹으로 나누이 교수의 각기 다른 행동에 따라 작문 리포트가 이떻게 달라지는지를 알아보았다. 한쪽 그룹은 시험을 못 볼 경우 교수의 평가가 얼마나 나쁠 수 있는지 엄청난 장광설에 시달리게 했다. 다른 쪽 그룹에게는 아무런 말도 하지 않았다. 이윽고 양 팀 모두에게 이야기를 하나씩 지어 보라고 했다. 어느 쪽의 이야기가 좀 더 섹슈얼한 내용이 포함되었을지 추측해 보길 바란다.

또 다른 연구가들도 수 년 간에 걸쳐 이 이론을 확실시 해주었다. 사람이 공포에 질리면 질릴수록 성적인 욕망이 더 늘어난다고 한다. 우리들에게 개인적으로 흥미로웠던 것은 '공포속의 첫 사랑(Love at First Fright)' 이라는 제목의 연구이다. 실험 참가자들에게 롤러코스트를 타기 전과 후에 '평균치의 매력을 지닌 이성' 의 사진을 보여준다. 그리고 실험 참가자들에게 순식간에 보았던 사진 속의 모습을 묻고 사진 속의 그 남자나 여자와 사귈 의향을 물었다. 롤러코스트의 공포에 휩싸이기 전에 물었던 것보다 롤러코스트를 타고난 후에 물은 경우가 훨씬 더 사진 속의 인물에 호감을 느낀 것으로 조사되었다.

지금 그런 상황에 놓여 있지는 않은가? 만약 그렇다면 그게 문제가 될 수 있을까?

전쟁터 같은 회사 분위기 때문에 그와 가까워졌을지도 모른다. 하지만 그렇다고 해서 그것이 연인관계를 지속시키는 요인이 될 수는 없다. 그러니 일상적인 상황에서 자신의 교제 내용을 자세히 들여다볼 필요가 있다. 자신이 하는 이야기가 주로 직장상사에 대한 불평을 늘어놓는 것 뿐인지, 상사의 터무니없는 마키아벨리즘 습성에 관한 것인지 확실하게 알아보아야 한다. 자신의 대화가 사무실 동료들에 대한 험담, 기분 나쁘고 불쾌한 사무실 문화에 대한 불만을 뛰어넘기를 희망해 볼 필요가 있는 것이다.

기억하라. 직장연애에는 장단점이 있다. 좋은 일이든, 나쁜 일이든 직장에서의 커플은 함께 헤쳐나가야 한다. 하지만 나쁜 여건이 둘 사이를 확고하게 만들어주는 유일한 요소가 될 수는 없다. 절대 그것만으로는 둘 사이의 관계가 지속될 수 없다. 두 사람은 단순히 그 속에서 살아남는 것이 아니라 함께 하는 시간을 즐겨야 하는 것이다.

14장.

이것만은 절대로 하지 마라!

NO NO NO !!!

모든 규칙에는 예외가 있다. 하지만 결코 예외가 없는 분야도 있다.

어떤 것들은 너무 뻔한 소리처럼 들릴 수 있다. 또 어떤 것들은 쉽사리 동의가 되지 않을 수도 있다. 어떤 것에 대해서는 맹렬하게 부정하고 싶을 수도 있다. 결혼한 상대와 연애하는 것, 이것은 직장에서 절대 해서는 안되는 일이다.

불 륜

회사는 사내연애를 금할 수 있다. 상사와 부하의 교제를 엄격하게 금할 수도 있다. 하지만 불륜을 금할 수는 없다. 왜 그럴까? 그것은 너무도 사적이며 비공개적이기 때문이다.

그렇다고 얼마든지 불륜을 저질러도 된다는 얘기가 아니다. 회사는 여전히 직장 내에서의 부적절한 행동에 대해 책임을 물을 수 있다.

그러니 유부남 CEO가 바람둥이라면 자신 아닌 다른 누군가와 바람을 피우게 하는게 좋다. 결혼한 사람이 아무렇지도 않게 불륜을 즐기는 것은 진정 거부해야 할 태도이다. 굳이 도덕적인 훈계를 하려는 게 아니다. 회사 내에서의 불륜은 이와 관련된 모든 사람들에게 꼬리표처럼 따라붙는다는 것을 알아야 한다는 의미이다.

세상은 여자를 심판한다. 여자가 결혼을 했든 안 했든 상관없다. 똑같은 상황이라도 여자에게 더 가혹하다는 걸 모르지 않을 것이다. 불륜의 끝은 영화의 엔딩 장면처럼 자신과 자신의 파트너가 저녁노을 속으로 말을 타고 사라지는 것이 아니다.

직장에서의 불륜이 가져올 나쁜 결과는 너무도 많다. 전부 다 열거할 수 없을 징도다. 요즈음은 직장 내 유부남 유부녀 사이에서 종종 연애사건이 일어나고 있다. 이런 종류의 이야기는 퍽 흥미만점이어서 그 자체로도 엄청난 생명력을 지니고 있다. 운동선수들과 연예인들의 사생활이 우리를 즐겁게 해주는 데 일조를 하듯 그들의 관계도 입에서 입으로 줄기차게 전해지는 흥미거리인 셈이다.

2006년 Halfpriceperfumes.co.uk는 응답자의 15%가 동료와의 관계에 대해 배우자에게 거짓말을 한 적이 있다고 고백했다.

직장동료들은 다른 동료의 불륜이 언제 어떻게 끝났는지 따위와는 상관없이 앞으로도 몇 년 동안 그 상황을 즐길 것이다. 어쨌거나 소문은 아주 멀리 간다. 믿을 수 없다면 패트릭의 이야기를 들어봐라.

"난 결혼을 하고 일주일에 70시간 이상을 체인점의 매니저로 일하고 있었습니다. 일이 너무 피곤해 집에 오면 곧장 곯아 떨어졌어요. 하지만 아내는 나를 붙잡고 이것저것 이야기를 하거나 자꾸 밖으로 나가고 싶어 했습니다. 집에서의 상황은 매우 안 좋아졌죠. 어느 날 우연히 지역 시립 대학 출신의 인턴사원들을 만났습니다. 그 중 젊은 여자 하나가 굉장히 섹시한 드레스를 입고 있었어요. 아주 근사해 보였기에 별 생각 없이 '멋진데요.'라고 말했습니다. 그 후 몇 번의 만남이 이어져 몇 주 만에 그렇고 그런 사이로 발전했습니다. 어느 날 그녀를 집에 데려다 주었죠. 우린 한 시간 이상을 주차장에 앉아 있곤 했어요. 몇 달간 퇴근시간 즈음에 만나곤 했습니다. 우린 둘 다 일을 그만 두고 함께 이사했죠. 하지만 서로에게 공통점이 많지 않다는 것을 알고 결국 헤어졌습니다. 난 아내에게 돌아갔죠. 하지만 그게 다가 아니더군요. 다른 체인점에서 매니저 일자리를 구했는데 그곳은 아주 떠들썩한 분위기였습니다. 누군가 나의 행동에 대해서 보고했는지 어느 날 직속상관이 나타나 내 업무를 관찰하더니 편파적인 태도로 나를 해고했습니다. 아내와 나는 결국 이혼했지요. 지금은 내 행동을 후회하고 있습니다."

대부분의 직장에서는 불륜이 커다란 문제를 일으키지 않고 가벼운 해프닝으로 끝나버리고 만다. 하지만 한 개인의 입장에서 다시 생각해봐야 한다. 왜 위험을 감수하는가? 개인적으로도 일에 있어서도 그건 가시밭길이다. 그 결과는 엄청나게 모질어서 평생을 갈 수도 있다.

당신의 직장동료가 모두 이성이라면, 당신이 이혼할 확률은 70%까지 올라간다. 더욱이 이혼이란 것은 그 자체 만으로 위험 요소가 있다. 이성 동료의 3분의 1이 최근 이혼을 했는가? 그렇다면, 당신도 같은 처지가 될 가능성이 거의 50%까지 상승한다.

● 직장연애의 역사 ●

1998년. 모니카 르윈스키와 빌 클린턴의 이야기는 아직 끝나지 않았다. 그들의 정사는 시가로 시작해서 옷에 묻은 정액에 이르기까지 수많은 이야기를 낳았다. 그리고 거기엔 직장 불륜의 거의 모든 것이 포함되어 있다.

일 년에 한 차례 직장연애에 관해 조사하는 직업정보기관인 Vault는 2007년 조사에서 약 20%의 사내커플이 사무실, 화장실, 엘리베이터, 복사실, 라커룸 등 회사 내에서 밀회를 즐겼다는 것을 밝혀냈다. 몇몇 용감한 이들은 상사의 사무실을 자신들의 로맨스에 이용하기도 했다.

이런 이야기가 언급할 가치도 없다고 생각하겠지만 분명 누군가는 금지된 무언가에 흥미를 느낄 것이다. 누군가에게 들킬 위험이라는 '짜릿한' 요소 말이다.

입 단 속

자신의 연애와 관련한 고민을 직장에서 공개적으로 떠벌리는 것은 부적절하다. 물론 그것 말고도 부적절한 것이 또 있다. 상대방과의 별로 유쾌하지 않은 관계에 대해 동료에게 털어놓는 것이다.

절대 말하지 말아야지 하고 맹세했다 할지라도, 퇴근 후의 맥주 한두 잔이 사람의 혀를 풀어놓는 법이다.

둘 사이에 안 좋은 일이 있던 날 맘껏 발산을 하면 마음이 편안해질 수 있다는 생각에 동료와 만나 속을 털어놓곤 한다. 그 경우 아주 조심해야 한다. 그래봤자 우정도 배려도 얻지 못할게 뻔하기 때문이다. 이 경우 직장동료들이 다 모여있는 자판기 앞에 재미난 이야깃거리를 던져준 셈이 될 뿐이다. 더우기 그렇게 하다가 실제 해고당할 수 있기까지 하다. 테스의 이야기를 충고로 받아들일 필요가 있다.

자 판 기 고 백 

"대학을 졸업한 후 첫 번째 직장이 규모가 제법 큰 홍보회사의 지점이었어요. 그는 부서장이었고 나보다 열 살이 더 많았어요. 그 사람을 본 순간 사랑에 빠졌지요. 그 사람에게 여자 친구가 있다는 건 신경 쓰지 않았어요. 난 그에게 푹 빠졌어요. 아침이면 전율을 느끼며 직장에 갔어요. 그러던 어느 날 내 직속 여자 상사가 그와의 관계를 눈치채고 나를 불러 무슨 일이 있었는지 물었어요. 나를 걱정해서 그러는 줄 알고 다 털어놓았지요. 아무나 믿어서는 안 된다는 걸 너무 늦게 알았어요. 다른 여자 상사는 나를 사무실로 부르더니 내가 역겹다고 하더군요. 나는 끝없이 추락하고 말았어요. 부서장이 어느 날인가 나를 바람맞혔을 때 우리의 관계는 끝장나 버렸어요. 난 그 남자의 집에 전화를 했어요. 그 남자의 여자 친구가 전화를 받더군요! 난 그에게 어떻게 이럴 수 있냐고 물었어요. 그 사람은 그저 평범하고 사무적인 말투로 '그래. 알았어. 내일 사무실에서 얘기 하지' 라고 말했어요. 그 후 그와 맞부딪치기 싫었지만 도처에서 얼굴을 볼 수 밖에 없었죠. 그 사람의 사무실에서, 엘리베이터 안에서. 난 모든 사람들에게 그가 내게 어떻게 했는지 얘기를 했어요. 누워서 침 뱉는 꼴이 될 거라는 걸 알면서도 그러고 말았어요. 결국 난 해고당했어요. 이런 종류의 행동은 받아들여지지 않는다는 건 분명해요. 동료들은 결코 친구가 아니니까요."

안 되는 것은 안 되는 거다.

굳이 해서는 안될 것들을 일일이 나열할 필요는 없을 것이다. 어떤 행동을 해서는 안 되는지 우리는 이미 알고 있다. 안 되는 것을 자꾸 고집한다면 직장동료와의 거리를 더욱 멀어지게 할 뿐이다. 그건 아침에 엘리베이터를 탔을 때 우리의 얼굴을 붉히게 만드는 것들이다. 그리고 우리의 이력서에 오점을 남기는 것들이다. 그러니, 안 되는 거는 무조건 안 되는 거다.

15장

이별 후 대처법

직장에서의 로맨스가 깨졌을 경우, 회사는 당사자에게 회사를 떠나도록 강요하는 경우가 더러 있다. 직접적인 방식은 아닐지라도 은근한 압력과 눈빛을 통해 사직의 분위기를 유도하는 것이다. 졸지에 직장에서 사랑도 잃고 일도 잃게 되는 엄청난 위기에 처할 수 있는 것이다.

재미난 통계

Careerbuilder.com에 의할 것 같으면, 직장인 10명 중 1명꼴로 직장연애 때문에 사직한 경험이 있다고 한다.

둘 중 하나 또는 둘 모두가 해고되는 것은 젖혀두고, 뒷처리가 깔끔하지 못할 경우 우리의 평판은 산산이 무너질 수 있다. 제 아무리 동정적인 동료라 할지라도 불화를 겪고 있는 동료 커플을 중재하려고 나서지는 않을 것이다. 앞으로 두 사람은 직장 내 연애 스캔들 때문에 소문이라는 난잡한 오물통에서 헤어나오지 못할 수 있다.

그래도 이런 상황에서 살아남아야 한다. 살아남을 수 있는 것이다. 서로간의 마무리가 깔끔한 경우 무너지지 않고 생환한 사람들이 결코 적지 않다는 걸 우리는 유념할 필요가 있다.

이메일 또는 쪽지로 이별을 통보하지 말자

수많은 사람들이 이메일을 사용해 연애의 결별을 통보한다. 얼굴을 직접 보거나 목소리를 통해 결별을 통고하는 것보다 부담이 덜하기 때문이다.

이메일을 주고받는 시간차는 둘 사이의 관계를 나타내주기도 한다. 둘의 연애가 뜨겁거나 열렬하면 답장은 곧장 도착한다. 이메일이 오가는 빈도수도 높다. 내용은 로맨틱 코미디의 위트 있고 재치 넘치는 대사처럼 생동감이 넘친다. 하지만 둘 중 누군가 관계를 끝내기로 하고 이별을 결심한 상황이라면?

아예 답장 자체를 안 한다. 묵묵부답인 것이다.

둘 사이의 관계가 기울기 시작하면 파트너의 이메일에 답장하는데 시간이 더 많이 걸린다. 생각해야 할 것들이 너무 많기 때문이다.

상대방과 헤어지기로 결심했다면, 최소한 직접적으로 그 의사를 전달할 정도의 예의를 갖추는 게 좋다. 게다가 이메일의 침묵은 효과적인 전략이 아니다. 갑작스러운 침묵은 상대방을 어쩔 줄 모르게 하고 화나게 한다. 이런 방법은 흔히 불편한 관계를 더욱 지속시킬 뿐이다. 그건 예의가 아니다. 자신 역시 이런 식으로 이별을 당하게 된다면 기분이 어떻겠는가?

만약 자신이 차였다면?

그가 헤어지자고 말했다. 어떻게 할까? 차분하고 우아하게, 여유 있고 관대하게 행동할 수 있을까?

이별의 자세는 매우 중요하다. 두 사람의 로맨스가 직장 내에서 공공연한 사실이었다면 더더욱 그렇다. 직장동료들은 다른 동료의 실연담, 아울러 그로 인한 실수 등에 상당한 관심을 갖게 될 것이다. 그들은 두 사람의 일거수일투족에 흥미를 느낀다. 그리고 그들은 동료의 굴욕적인 실패를 앞으로도 오랫동안 기억할 것이다. 두 사람이 뭐라고 변명하든 상관없이 말이다.

나는 실연당했다고요!

나는 어쩔 줄 몰랐어요. 회사에서 사귀던 사람과 헤어졌을 때 하루 종일 비명을 지르며 울고 싶었어요. 왜 굳이 그걸 참으면서 내 자신을 학대해야 하는 거죠? 이제는 내가 하고 싶은 대로 하고 싶어요.

RE : 사무실에서 만난 관계인 이상 아무리 그러고 싶어도 실연 문제를 한쪽으로 밀어두어야 합니다. 남녀관계라는 것이 때로는 비명과 울부짖음, 방문을 쾅하고 닫는 등의 행동으로 끝난다는 건 누구나 알고 있어요. 그렇지만 직장에서는 이런 행동을 자제해야 합니다. 당신의 아파트 문을 쾅 닫는 것은 모르겠지만 사무실 문을 그렇게 닫아서는 안 됩니다. 어릴 적 친구들을 옆에 두고 우는 건 괜찮아도 직장 동료들 앞에서 눈물을 보이면 안 됩니다.

책상에 앉아 심호흡을 하세요. 물론 몹시 힘들다는 걸 잘 알고 있습니다. 하지만 남자친구를 잃었다고 직장까지 잃을 순 없어요. 그러면 훨씬 더 슬퍼집니다. 당신이 속으로 피눈물을 흘리고 있다는 것을 우리도 잘 압니다. 하지만 사무실에선 참으세요. 의연하고 당당하게 동료들의 기를 죽이세요.

"

마음이 갈기갈기 찢겨져도 절대로 해서는 안 될 것들

인간이 상처를 입게 되면 판단력이 흐려지게 마련이다. 누구나 그렇다. 때문에 절대로 해서는 안 된다고 신신당부하는 일들을 무심코 저지를 수 있다. 그래서 그 내용을 다시 한 번 정리해 보도록 하겠다.

▶ 사무실에서 눈물을 보인다.

눈물은 숨길 수가 없다. 하지만 개인 사무실이 있다 할지라도 울지 말아야 한다. 화장실에서 숨죽여 울지도 말아야 한다. 아무리 감추려 해도 울음소리가 새어나가고 눈물자욱이 보인다.

모든 것을 차분하게 받아 넘겨야 한다. 직원들 앞에서 카우보이처럼 당당하게 어깨를 펴는게 좋다. 집에 돌아가 곧장 쓰러질지언정 그렇게 해야만 한다.

로맨틱한 관계는 끝났는데 두 사람의 관계는 모르는 사람이 없을 정도로 잘 알려진 상황이라면 동료들에게 사실을 알려주어야 한다. 물론 요점만 간결하게 말해야 한다. 매장 주임이 치사한 놈이라는 걸 이제야 알았다는 것을 동료 슈퍼마켓 계산원 모두에게 훌쩍거리며 신세한탄 하듯 말하지 말아야 한다. 고급 양복을 입고 아무렇지도 않은 듯 업무를 보는 애인에 대해 헐뜯지 말아야 한다. 자신을 차버린 남자의 동료에게 다가가 그가 얼마나 야비한 인간인지 감상 섞인 하소연을 늘어놓지 말아야 한다. 옛 애인의 비서에게 다가가 예전처럼 돌아가고 싶다고 칭얼대지 말아야 한다. 무엇보다도 상대의 근황을 캐내려고 애쓰지 말아야 한다.

그에게 보란 듯, 기다렸다는 듯, 새로운 연애를 시작하는 것. 오히려 자신만 더 큰 상처를 입을 수 있다. 새로운 연애는 좀 더 시간을 두고 기다리는게 좋다. 조금 기다리다 보면 그동안 자신을 보며 남몰래 속앓이 해왔던 멋진 남자가 기다렸다는 듯 다가올 수도 있다. 그가 회사 안에서 알아주는 훈남이라면 이야말로 금상첨화일 것이다. 누구도 예상치 못한 반전인 셈이다.

"그만 두겠습니다." 달랑 한마디 남기고 회사를 빠져나오는 것. 또

178

는 한밤 중 책상 위에 한 통의 사직서를 던져놓고 나오는 것을 날마다 꿈꿀 수는 있다. 그러나 쉽게 행동해서는 안된다. 수백 번 생각했는데도 더 이상 그곳에 남아있기 힘들다면 그때 가서 새로운 일자리를 구하는 것이 좋다.

차분하게 처신해야 한다. 잘만 하면 훨씬 더 좋은 조건으로 새로운 자리에 갈 수 있을 뿐 아니라 고통의 시간을 견뎌낸 후 회사를 그만둘 필요가 없다는 결론을 내릴 수도 있다. 어쨌거나 새로 면접을 보러 가기로 했다면 미래의 사장에게 이직의 진짜 이유를 실토하지 않는게 좋다.

〈헤어진 직장커플이 저지르기 쉬운 어리석은 행동들〉
▶ 직장동료를 자기편으로 만들려는 행동
▶ 복도에서 오만상을 찌푸리고 다니는 행동
▶ 직장에서 개인적인 물건을 돌려주는 것.
▶ 옛 애인이 보이지 않는 팀으로 보내달라고 요구하는 것.
▶ 보란 듯이 옛 애인의 상사와 데이트 하는 것.
▶ 공개적인 기물파손 행위. 책상 위의 물건을 소리나게 던지듯 놓는 등.

옛 애인이 자꾸 달라붙는다. 그럴 땐 어떻게 해야 할까?

헤어진 그가 젠틀하지 못하게 나온다. 그러면 어떻게 해야 할까?

▶ 옛 애인이 쿨하지 않게 나올 경우

상대가 이성적이지 못할수록 자신은 매너 있게 행동해야 한다. 헤어졌는데도 추저분하게 구는 이에게는 일말의 관심을 줄 이유가 없다. 괜스레 분노할 필요도 없다.

만약 옛 애인이 복도에서 기분 나쁜 표정을 지어보인다면 도리어 아무 것도 아닌 양 모나리자처럼 미소 지어 보이는게 좋다.

만약 옛 애인이 다른 팀으로 부서를 옮기라고 하면 못 들은 척 하는게 좋다. 다시 한 번 말하지만 자신이 그 보다 훨씬 더 가치 있는 사람임을 잊지 말아야 한다.

아직도 옛 애인이 옛날로 돌아가자고 하는가? 웃기는 일이다. 무조건 못 알아들은 척 해야 한다.

▶ 직장동료들이 매너없게 굴 경우

때리는 시어머니보다 말리는 시누이가 더 밉다는 말이 있다. 분명 둘 사이에 관심 있는 척 꼬치꼬치 캐물으며 상처를 건드리는 동료들이 있을 것이다.

아마도 그들을 두들겨 패주고 싶을 것이다. 하지만 절대 그래서는 안 된다. 그렇다고 그들로부터 멀찍이 떨어져 있으라는 말이 아니다. 그렇게 되면 옛 애인이 직장동료들과 작당할 여지를 주는게 된다. 그러고 난 후 당신을 따돌릴 수도 있다. 그건 친구와 이웃을 상대에게

양보하는 꼴이 된다.

직장동료들 앞에 나서는 게 꺼려지겠지만 꾹 참아야 한다. 회식 자리에도 당당하게 나가야 한다. 동료들과 함께 하려는 의지를 분명하게 보여주어야 한다. 자신이 사람들을 자연스레 대한다면 그들은 편안함을 느낄 것이다. 헤어진 남자친구가 자신에 대한 험담을 퍼붓고 다닐때 그들이 보호막을 자처해주기도 할 것이다.

그러나 아무리 동정적인 사람일지라도 옛 애인의 허튼 소리에 완전히 귀를 막지는 못할 것이다. 당분간은 너덜너덜해진 스캔들과 험담의 띠운에 영향을 받을 것이다. 그러니 시간이 지나면 시들해지기 마련이다. 우리에게는 해야 할 일이 많다. 열심히 일하는 것이 그 중 하나다.

66

나는 직원들의 동료애를 믿어요.

당신 말을 내 상황에 적용할 수는 없어요. 내 친한 친구들은 모두 직장에 있어요. 내가 친구들에게 직장에서의 연애관계에 대해 말하지 않았다면, 다시 말해 내가 왜 그 남자와 끝내기로 했는지 말하지 않았다면, 친구들은 나를 절대 용서하지 않았을 것에요. 내게 자신들의 비밀을 털어놓지도 않을 거구요. 어쨌든 나는 친구들에게 내 사생활의 최근 상황을 조금이나마 알려주어야 했어요.

RE : 처음부터 직장동료들에게 옛 애인과의 만남을 말해서는 안

되었다고 봅니다. 하지만 이미 말해버렸다고 하니 어쩔 수가 없군요. 그 관계가 끝났으니 상황을 더 심각하게 만들지 마세요. 자진해서 그 얘기를 꺼내거나 내비치지도 마세요. 직장동료가 직접적으로 질문할 경우 미소를 지으며 이런 식으로 말하세요.

"우리는 이렇게 끝난 것에 대해 모두 만족해 하고 있어."

입술을 깨물지 말고 눈물을 흘리거나 다른 어떤 방식으로도 비통함을 드러내 보이지 마세요. 대화의 주제를 바꾸고 기품있게 행동하세요. 결국 동료들도 당신의 그런 태도를 존중해 줄 것입니다. 시시콜콜 털어놓지 않았다고 당신을 원망하지 않을 거예요.

"

헤어지려는 남자친구가 직장 상사라면?

이 경우 어떻게 해야 할까? 자신에게 월급을 주거나 인사고과를 매기는 사람에게 어떻게 먼저 끝내자고 말할 수 있단 말인가?

신중하게 해야 한다. 그 사람에게 확실하고, 분명하고, 구체적으로, 하지만 지나치게 개인적인 이유를 대지 말고 자신이 내린 결론에 대해 말해야 한다.

애인인 직장상사가 어떻게 반응하든, 그 사람이 제아무리 화를 내거나 괴로워하더라도, 약해져서는 안 된다. 과민반응해서도 안 된다. 감상적으로 말려들어도 안 된다. 친절하고 따뜻하고 중립적이기만 하면 된다.

1536년. 헨리8세는 아랫사람과 어울리는 걸 좋아했다. 앤 불린은 자신의 첫 번째 부인인 캐서린(Catherine of Aragon)의 시녀였다. 앤 불린은 상사와 데이트를 하고 고속으로 승진해 결혼에까지 이르렀다. 그리고 직장연애 역사상 가장 커다란 추락에 고통 받음으로써 자신의 실수에 대한 대가를 치렀다. 그녀는 참수형에 처해졌다.

헨리8세는 연속적으로 사내 데이트를 즐기는 사람이었다. 6명의 부인 중 3명이 궁중 시녀들이었다.

식상 상사와의 이별 후에는 스스로를 해빙시키는 것이 중요하다. 둘 사이의 관계를 둘러싼 불편함을 빨리 없애야만 직장생활이 원만하게 유지되기 때문이다. 헤어진 남자친구와 우정을 유지한다는 것은 어려운 일이다. 사무실이라는 어항 속에서 이런 일이 일어났을 경우 관계를 복원한다는 것은 특히나 더 힘들다.

그렇다고 문제를 모른 척 할 수는 없다. 사표를 쓰기 전까지는 최대한 담담한 표정으로 심지 굳은 모습을 보여주어야 한다.

머잖아 모든 것이 변한다. 두 사람이 어떤 관계였는지는 과거의 일로 묻혀질 것이다. 얼마 지나면 새파랗게 젊었을 때의 경솔함으로 이해받을 수도 있다. 몇 개월 지나 동료 중 한 명이 지금의 일을 상기시키면 가볍게 웃어넘길 수도 있을 것이다. 누군가가 그것을 언급했다는 사실은 그것에 대해 농담 삼아 이야기해도 괜찮다고 그들이 안심하고 있다는 증거가 될 수도 있다.

그런데 어떻게 하면 제자리로 돌아갈 수 있을까?

아무리 힘들어도 멋지고 기품 있게 관계를 끝내야 한다. 그러기 위해 끝까지 노력해야 한다. .

동료들과의 사이에 거리감이 있었다면 그들과의 관계를 복원해 자신의 편으로 만드는 것이 중요하다. 동료들은 잠시 불쾌해 할지 모르지만 진심으로 대한다면 곧 한 편이 되어줄 것이다.

상처가 아물려면 적지 않은 시간이 걸릴 것이다. 그 시간 동안 스스로 즐겁게 적극적으로 일을 해내야 한다. 더불어 말수는 줄이고 미소를 자주 짓는 것이 좋다.

〈동료들이 스캔들의 주인공을 불쾌하게 여기고 있다는 증거들〉

▶ 여럿이 모여 대화하길래 다가가면 갑자기 이야기가 중단된다.

▶ 점심 테이블에 쟁반을 내려놓을 때, 동료들이 후다닥 식사를 끝마치고 자기 자리로 돌아가 버린다.

▶ 퇴근 시간에 자기들끼리만 회식하러 간다.

▶ 회식에 따라 가려고 하면, 갑자기 모두가 피곤하다며 집에 가야겠다고 한다.

▶ 팀 프로젝트에서 언제나 찬밥이다. 동료들은 언제나 마지막으로 의견을 물어본다.

애인인 직장상사가 이제 그만 만나자고 할 때

미친 듯이 열정적으로 누군가와 사랑에 빠졌지만, 상대방은 더 이상 그런 감정을 갖고 있지 않다는 것을 알게 될 때가 있다. 그런데 그 사람은 직장상사일 수 있다.

아마도 복수하고 싶을 것이다. 복수를 해서 잠시 만족감을 느낄 수도 있다. 하지만 그게 다가 아니다. 그 다음은 어떻게 할 것인가?

그러므로 다 이해한다고 상사에게 말해야 한다. 그를 안심시키고 자신이 직장에서 조용히 잘 해 나갈 것이란 걸 암묵적으로 주입해두어야 한다. 스스로도 그렇게 할 것이라고 믿어야 한다. 계속 꿋꿋하게 나아가야 하는 것이다. 피비도 잘 견뎌냈다.

자판기 고백 

마음에 상처를 입었다고 떠나야 하는 걸까?

누구나 실연을 경험할 수 있다. 정말 소중하게 여기며 정성을 다 했어도 냉정하게 외면당할 수 있는 것이다. 더군다나 직장에서 일이 벌어졌고 마음은 산산조각이 나 버렸다. 회사를 떠나는 것 말고는 달리 방법이 없을 것 같다.

곧장 정상으로 되돌릴 수 없다고 새로운 직장을 찾아야 하는 건 아니다. 옛 애인의 뒤통수를 쳐다보며 그 직장에 남아있을 필요는 없지만 그렇다고 앞뒤 가리지 못한채 짐보따리를 쌀 필요도 없는 것이다. 냉정하게 앞날을 심사숙고하며 시간을 갖은 후 천천히 다른 직장을 찾아 떠나는 것이 훨씬 좋은 방법이다. 떠날 때 떠나더라도 대책이 있어야 하는 것이다.

다른 방법 중 하나는 전근을 요청하는 것이다. 다른 도시, 다른 지점, 다른 부서로 떠나는 것이 좋은 계기가 되어줄 것이다. 마음의 상처가 너무 커서 도저히 그곳에는 머물 수 없거나, 계속 머물기에는 상황이 너무 엉망이 되었을 경우 이직 같은 해결책을 활용하는게 좋다. 그럴 경우 회사의 이익에도 부합하는 정당한 이유를 찾아내는게 중요하다.

16장.
치명적인 유혹

직장연애 중독자들, 계속해서 직장에서 사랑을 찾으려는
사람들

직장에서의 첫번째 연애가 결혼으로 이어지리라고는 누구도 보장
할 수 없다.

그렇다고 영원한 짝을 찾아 사내 데이트를 계속 할 수 없다. 반복
되는 연애는 이름에 상처를 입히게 된다. 직장에서 연달아 교제하는
경우 나이에 따라 명예가 달라질 수도 있다. 연속적으로 이어지는 직
장연애에서는 나이에 어느 정도 특권이 주어지는 것이다.

재미난
통계

한 조사에 의할 것 같으면, 직장인들의 1/3이 연속적으로 데이트를
한다고 한다. 오래 근무할 경우 3번 이상의 직장연애 경험을 갖는 사람이
수두룩한 것이다.

나이가 아주 젊다면 직장연애를 조금은 가볍게 생각할 수 있다.
그러나 연속해서 직장연애가 이어진다면 누구도 쉽게 눈감아 주지

않을 것이다. 선배들은 후배가 젊기에 용서해주기도 하지만 반복적인 잘못에는 냉정하게 돌아설 확률이 높다.

자 판 기 고 백 

"나는 언제나 누군가를 찾고 있거나 아니면 누군가에 빠져있었던 것 같아요. 그래서 뉴욕으로 직장을 옮겼을 때 더 이상 남자친구를 사귀지 않겠다고 결심했답니다. 나중에 알았지만 이같은 태도가 나를 매우 고혹적으로 만들었던 것 같아요. 새로 옮긴 사무실에서 6개월 동안에 3명의 남자들이 진중적으로 구애를 했으니까요.

이 남자들과 짧게 데이트를 했지만 공식적인 이별을 하지는 않았어요. 얼마 후 그곳에서 매력적인 편집자를 알게 되었어요. 우리는 이메일로 재미난 메시지를 주고받았어요. 노닥거리는 관계가 지루해질 무렵 여느 때처럼 즉각 답장을 보내지 않고 반나절 정도 시간을 두었다가 답장을 보냈어요. 상대는 내가 다른 누군가에게 관심을 갖기 시작했다는걸 눈치채고 나를 약간 놀리더군요. 하지만 그 이상 심술궂게 굴지는 않았어요.

새로 사귄 남자는 아주 재미있고 멋졌어요. 하지만 그 사람에게는 약혼녀가 있었죠. 우리는 밖에 나가 점심을 먹곤 했어요. 어느 날, 내가 무슨 말을 했는데 그는 내가 자기한테 매력을 발견했다는 뜻으로 해석하더군요. 그래서 '만약 당신이 약혼하지 않았다면, 내가 당신한테 얼마나 많은 매력을 발견했는지 더 자유롭게 말할 수 있을 텐데.' 라고 대답해 주었어요. 며칠이 지난 후, 새벽 1시에 전화벨이 울리더군요. 그 남자 전화였어요. '지금 당장 당신을 만나야겠어. 온통 당신 생각뿐이야.' 나는 너무 흥분했어요. 그런데 그는 다음 날 내게 냉정하게 대했어요. 그게 전부였어요. 다행히 그는 다른 부서에서 일했기에 그나마 덜 어색했어요. 나는 속으로 생각했어요. 그의 결혼 전 마지막 데이트 상대가 나였을 거라고. 내 직장 연애는 끝났다고. 이제 끝이라고 생각했지요.

아직 젊기에 사무실에서 한 사람 이상과 데이트할 수 있다고 가정해 보자. 그리고 그 관계가 오래 이어졌는데도 오명을 뒤집어 쓰지 않았다면 남다른 매력이 있거나 매너가 훌륭한 사람일 것이다. 아니면 아래의 사항을 잘 지켰음이 분명하다.

▶ 사무실의 누군가와 데이트하고 있다는 사실을 남이 알게 하지 마라.

▶ 새로운 애인과의 관계를 비밀로 유지하라.

▶ 웬만하면 함께 자지 마라.

▶ 부서 당 두 명이 최대이다. 그 이상은 곤란하다.

▶ 끝낼 때는 깔끔하고 우아하게 하라.

▶ 옛 애인들과 원만한 관계를 유지하라.

연속적으로 사무실 데이트를 하게 될 경우 우쭐해질 수 있다. 영화팬들의 지지와 컬트적인 사랑을 받고 있는 영화 〈뛰는 백수 나는 건달(Office Space)〉[14]에서 제니퍼 애니스톤(Jennifer Aniston)이 연기했던 캐릭터가 깨달았던 것처럼 말이다.

영화의 주인공은 우리의 제안들 중 하나를 따랐다. 가능성이 더 좋은 다른 사무실과의 연결고리를 찾았던 것이다. 그런데 다소 늦은 감이 있기는 했다. 그녀가 떠나기 직전에 동료 중 한 명이 그녀가 과거에 회사에서 사귄 남자친구들의 목록을 읊어댔으니 말이다.

다니는 직장이 어디든 회사 안에서 연속해서 세 번의 연애를 했다면 결혼을 하거나 아니면 다른 직장으로 옮기는 것을 심각하게 고민해보아야 한다. 이 둘 모두를 받아들이는게 쉽지 않겠지만 나중에 뒤집어 쓰게 될지 모를 오명을 피하려면 우선 다른 회사로 피신하는게 좋다.

직장연애는 귀엽고 깜찍할 수 있다. 반대로 황량하고 무절제하고 어리석을 수도 있다. 자신이 젊다는 이유만으로 바보 같은 실수를 할 수도 있다. 하지만 아무리 젊어도 연달아 여러 명을 사귄다는 건 위험하다. 부디 다섯 명에는 이르지 않길 바란다.

▶ 주의할 점 하나
이런 숫자는 회사의 규모와 비례한다. 세 명과의 직장연애가 귀엽

---

14) 반복되는 업무와 스트레스로 고통 받는 피터는 최면 치료요법을 받는다. 최면치료 중 치료사가 갑자기 심장마비로 사망하고 피터는 최면이 풀리지 않은 상태가 된다. 이 사건이 있은 뒤 피터는 근무시간에 오락만 하는 등 백수처럼 시간을 보낸다. 우연히 식당에서 일하는 웨이트리스를 알게 된 그는 근무엔 신경 쓰지 않고 데이트로 소일한다. 평소 감정이 좋지 않았던 부사장에게 대드는 등 피터의 행동은 날이 갈수록 안하무인격으로 변한다. 〈뛰는 백수 나는 건달〉은 선진 경영기법의 기치 아래 지뢰밭 같은 하루하루의 일상을 살아야 하는 화이트칼라 노동자들의 생존에 대한 블랙코미디이다. 보고서 내용보단 겉표지에 골몰하는 상사, 재미없는 반복 업무, 왕따, 그리고 심심하면 들이대는 구조조정의 위협 등 현실감 넘치는 현대 기업의 일상과 여기서 탈출하고픈 직원들의 각종 일탈을 영화는 시종일관 조롱하듯 보여준다.

고 깜찍할 수 있다고 말할 때 수많은 후보자 군에서부터 세 명의 애
인을 선택했으리라고 가정한 것이다.

만약 회사에 오직 세 명의 적당한 남자들밖에 없는데 그들 3명과
모두 데이트를 한다면 말이 달라진다. 그건 전혀 귀엽고 깜찍하지 못
하다. 끔찍할 뿐이다.

젊다는 것은 좋다. 왜? 특권이 있으니까

이제는 나이 서른을 넘어선 직장인들에 대해 이야기해 보자.

사실 30대 중반이 지났는데 수차례의 다양한 직장연애를 했다면
좀 이상하게 보일 수 있다. 연애에 중독된 사람으로 오해 받을 수 있
는 것이다. 부당한 일이기는 하나 여자일 경우 의구심은 더해진다.

그러나 우리가 알고 싶은 것은 평판을 위해 직장에서 사랑을 피하
는 방법이 아니라 자신의 더 나은 삶을 위해 직장에서 사랑을 찾는
방법이기에 연속적인 데이트에 대해서도 짚고 넘어가지 않을 수 없
다. 우선 그같은 경우 상황이 호락호락하지 않다는 것을 미리 알려두
고 싶다.

나이가 많을 경우 계속 이어지는 직장연애는 사랑이 아니라 섹스
를 찾으려는 욕망이 더 강하다.

한 중역이 51세인데 35살 먹은 비서에게서 도저히 눈을 뗄 수 없
다. 비서도 그의 눈길이 느껴지는데 싫지가 않다. 비록 둘 사이가 오
래가지 못하리라는 것을 알면서도 가까이서 느껴지는 열정의 힘에

의해 두 남녀는 사적인 만남을 갖게 되었다. 이 경우가 사랑일 확률은 굉장히 낮다.

진실한 사랑이 아닌, 일시적인 감정 때문에 직장에서 괜한 모험을 할 필요가 없다. 괜스레 나이든 사람의 불장난으로 몰려 비난받고 존경심을 잃어버릴 확률만 높기 때문이다. 더욱이 관계가 아무리 비밀스럽다 해도 불륜 때문에 위험을 감수할 필요가 없다. 더디게 찾아오더라도 진실한 사랑을 기다리는 게 백번 낫다. 순간적인 감정에 휩쓸려 매번 새로운 사람과 사귀는 사람이 된다는 것은 직장인으로서는 수준 이하의 자세라 할 수 있다.

● 직장연애의 역사 ●

1762년-1796년은 러시아의 예카테리나 2세의 재위기간이었다. 여왕은 그녀의 수많은 연인들을 공식적인 정부 요직에 앉혔다. 그중에는 오랜 파트너였던 포템킨(Grigory Aleksandrovich Potemkin)[15]도 포함되어 있었다. 포템킨은 애인을 감동시키려 군사작전에서 획득한 땅에 거대한 마

15) 러시아의 육군 장교, 정치가.
2년 가까이 예카테리나 2세의 연인이었으며 17년 동안 러시아 제국에서 가장 막강한 세력을 행사했다. 그는 유능한 행정가이면서 방종하고 사치스러운 면과 충성스럽고 너그러운 성격이라는 특징을 지닌 인물로 수많은 일화를 남겼다. 모스크바대학교에서 공부한 후 1755년 근위기병대에 들어갔다. 예카테리나 2세가 여제로 등극하는데 조력했으며 그 대가로 약간의 영지를 얻었다. 1768~74년 투르크와의 전쟁에서 눈부신 활약을 했고 1774년에는 예카테리나의 연인이 되었다. 새로 개척한 남부 우크라이나의 총독 및 총사령관으로 임명되었으며 계속해서 예카테리나와 다정한 사이로 지냈다. 그 후 예카테리나에게 새 연인들이 생기기도 했지만 그의 영향력은 확고부동했다. 러시아 남부 국경문제와 투르크 제국에 깊은 관심을 가지고 있던 그는 1776년 크림 반도 정복 계획을 구상하고 얼마 후 이를 실현했다. 또한 예카테리나의 손자를 제위에 앉혀 비잔틴 제국을 부활시킬 것을 목표로 한 이른바 '그리스 계획'을 짜느라고 분주한 시간을 보내기도 했으며 발칸 반도의 여러 곳에 정통한 정보원들을 확보해두었다.

을을 건설했다. 그는 우크라이나 대초원 지대의 식민지화라는 거대한 계획을 실행하면서 인력과 비용을 전혀 아끼지 않았다.

포템킨이 계획적으로 예산을 수립하고 집행하지 않았기에 우크라이나 초원지대 개발은 원래의 계획을 중도에 포기해야 했다. 그럼에도 불구하고 1787년 예카테리나 2세가 남부지역을 순회할 때 그는 행정의 취약점을 모두 위장함으로써 의기양양해 했다. 이 일화를 바탕으로 '포템킨 마을'이라는 조어가 등장하기 까지 했다. 러시아에서 이는 초라하거나 바람직하지 못한 상태를 은폐하기 위해 꾸며낸, 허위적인 겉치레를 조롱하는 말로 남게 되었다.

비교적 나이가 많다해도 두 번째 직장연애까지는 무난히 해낼 수 있다. 첫 번째 연애의 실패를 동정과 연민으로 감싸준 동료들의 후원을 받을 수도 있다. 동료들은 다른 동료를 험담하기도 하지만 어려운 상황에서 위안해줄 줄도 알기 때문이다. 직장생활을 원만하게 해왔다면 그들 중 한 두명은 기꺼이 든든한 버팀목이 되어줄 것이다. 그들은 자기가 아끼는 사람이 평생 혼자서 사는 것을 원하지 않기 때문이다.

2007년에 해리스 인터렉티브(Harris Interactive)가 실시한 조사는 나이 든 직장인들이 30대 이하에 비해 자신들의 직장 로맨스가 결혼으로 골인했다고 보고한 경우가 훨씬 많았음을 발견했다. 나이가 들수록 그 숫자는 더욱 더 인상적으로 상승한다. 65세 이상의 직장인들 중 뒤늦게 결혼하게 된 45%는 자신의 직장연인과 결혼했다. 직장연애는 나이에 따라 주목받는 시선에 차이가 있지만 완성도만큼은 확실하게 높아지는 것이다.

17장.

회사에 남아야 하나, 떠나야 하나, 그것이 문제로다!

회사에서 계속 일하며 사랑을 키워가야 하나? 아니면 직장을 떠나야 하나?

직장커플에 대한 회사의 방침을 조사하는 것은 어렵지 않다. 회사가 자신의 선배들 중 사내커플이었던 이들에게 어떻게 하는지를 살펴보면 된다.

스테파니의 경우 그녀의 두 번째 직장에서 한 커플이 사랑에 빠져 결혼하고 계속해서 같은 직장에 다니는 모습을 지켜보았다. 두 사람 모두 처음과 달라진 것은 아무 것도 없었다. 그들은 아이를 낳고 출산휴가를 갔다. 회사가 마치 또 하나의 가족 같았다. 자신이 다니고 있는 회사도 이런 분위기라면 별 문제가 없다.

하지만 그렇다 할지라도 둘 모두 같은 회사에서 계속 일할 수 있을까? 어쩌면 둘 중 한 사람은 일을 그만두고 싶을 것이다. 적지않은 사람들이, 어쩌면 대부분의 사람들이 소중한 사람과 어느 정도는 떨어져 지내기를 원하곤 한다. 두 사람 사이가 원만하다 할지라도 그런 경우가 적지않다. 둘 중 한 명은 완전히 직장을 떠나는게 더 나은 상황일 수 있는 것이다.

2001년, 스웨덴에서의 연구는 같은 직장에서 함께 일할 경우 이혼이 50퍼센트 정도 감소하는 것으로 밝혀졌다. 정말 놀라운 수치이다. 한쪽 배우자에 의해 관찰당하고 있다는 것은 배우자 이외의 다른 동료와 눈이 맞을 충동을 감소시키는 것 같다.

직장동료와 교제한다는 사실이 일에 나쁜 영향을 미치지는 않는다. 그래도 가까이 지내는게 부담스러우면 자연스러운 이유를 대고 떠나는 것이 괜찮은 방법이다. 특히 결혼 적령기 즈음 직장을 옮기는 것은 흔한 일이다. 비즈니스 경영전문가인 샬럿 셸턴(Charlotte Shelton)의 최근 조사에 의하면, 20대의 직원은 남자나 여자 모두 평균적으로 다섯 번에서 여섯 번 정도 직장을 옮긴다고 한다.

직장커플 중 둘 모두 일에 대해 똑같이 열정적인 경우는 매우 드물다. 때문에 선택이 어렵지는 않을 것이다. 둘 중 하나가 떠나야 한다는 사실은 둘의 관계에 새로운 기회를 만들어줄 수도 있다.

대 화

과연 누가 옮겨야 하는지에 대한 결정이 힘들 수도 있다. 누구에게도 쉬운 문제는 아니다. 하지만 참을 수 없을 정도로 불편하다면 분명 둘 사이의 관계가 이같은 대화를 소화할 수 있을 정도로 깊지 않다는 것을 말해주는 것이다. 그런 경우라면 두 사람 사이가 아직 그런 이야기를 꺼낼 때가 되지 않았다는 것이다.

둘이 서로에게 헌신할 만큼 둘 사이가 진척되었다면 이런 대화를 통해 두 사람은 한 사람으로 묶일 수가 있다. 자신 대 애인이라는 대결구도가 아니라 두 사람을 '우리'로 묶어주는 계기가 되는 것이다. 두 사람 사이에서 이런 얘기를 할 준비가 되어 있다는 것은 참으로 많은 것을 의미한다.

Halfpriceperfumes.co.uk는 직장에서 장기적인 파트너를 만난 사람들 중 단지 6%만이 둘 모두 여전히 같은 직장에 다니고 있다는 사실을 발견했다.

만약 둘 중 누가 직장을 그만두어야 할지 결정할 만큼 진지하지 않다면, 그런데 회사의 특성상 변화를 요구한다면, 새로운 방법을 찾아야 한다. 둘 중 한 명이 새로운 부서나 지부로 옮겨갈 수 있는지 확인해 볼 수 있는 것이다. 패러다임을 변화시키면 방법이 보인다.

자신의 상사가 둘 사이의 관계가 아닌 업무실적을 바탕으로 판단해 문제를 조율하게 만드는 것도 한가지 방법이 될 수 있다. 그러나 상사에게 연애사업 때문에 변화가 필요하다고는 절대 말하지 말아야 한다. 그냥 자신의 에너지를 좀 더 쏟아붓고 싶은 업무를 맡고 싶다고만 말하는게 좋다.

회사의 방침이 당신의 결정에 영향을 미칠 수도 있다. 당신이 다니고 있는 회사의 규모가 영향을 미칠 수도 있다.

〈회사의 규모가 클 경우〉

▶ 3분마다 서로 마주치기 힘들다는 것을 의미한다.

▶ 다른 부서나 지점으로 수평 이동할 수 있는 기회가 더 많다는 것을 의미한다.

▶ 중간 경영진이 상당히 많다는 것을 의미한다. 그래서 당신이 각기 다른 상사들에게 보고할 수 있다.

▶ 회사가 직장커플들에 대처하는 경험이 풍부하다는 것을 의미한다.

〈회사의 규모가 작을 경우〉

▶ 공간이 비좁아 그와 거리를 두고 있기가 힘들다는 것을 의미한다.

▶ 동료들에게 자신의 로맨틱한 분위기가 바뀌었음을 숨기기가 어렵다는 것을 의미한다.

▶ 만약 함께 일할 수 없다면 – 또는 회사가 그것을 허용하지 않는다면 – 둘 중 하나가 떠나야 한다는 것을 의미한다. 그것도 빠른 시간 내에.

▶ 정치적 문제 혹은 이해관계의 갈등이 더 흔하게 일어난다는 것을 의미한다.

▶ 회사에서 곤란한 문제를 원만하게 해결해 주지 못한다는 것을

의미한다.

직장연애는 환경에 영향을 받는다. 커다랗고 복잡하게 얽힌 조직의 경우 규모가 작고 가족적인 분위기의 사무실에 비해 직장 연애에 훨씬 더 친근한 환경이 될 수 있다.

자 판 기 　 고 백 

"난 새 일자리를 잡았습니다. 자그마한 마케팅 회사였지요. 그곳에는 짐이라는 상사가 있었고 우리는 특별히 친하게 지냈어요. 주말에도 함께 하는 시간이 많았지요. 로스앤젤레스에서 열리는 미팅에도 함께 갔어요. 어느 날 우리는 일 끝나고 맥주 집에 갔는데 문득 짐이 바로 내가 찾던 사람임을 깨달았지요. 우리는 데이트를 시작했지만 동료들에게는 우리가 사귄다는 사실을 알리지 않았어요. 어쨌든 짐은 내 상관이었으니까요. 우리는 3개월 동안 아주 조심스럽게 만났어요. 집에서 음식을 주문해 먹고, 비디오를 보고, 멀리 떨어진 레스토랑에 갔어요. 퇴근도 따로 했지요. 그러던 어느 날 짐이 내게 산타 바바라로 주말여행을 가자고 했어요. 일종의 깜짝 선물이었지요. 그 때가 1월이었는데 비가 오고 추운 날이었어요. 우리를 아는 사람은 아무도 없을 거라 생각했죠. 그런데 우리가 산타바바라에서 다정하게 길을 걷고 있을 때 누군가 우리 이름을 부르는 소리가 들렸어요. 그 사람은 에이전시의 경영진이었어요. 월요일에 출근해보니 회사의 모든 사람들이 우리 사이를 알고 있더라구요. 사무실 환경은 언제나 경쟁적이고 성마른 분위기였어요. 하지만 지금까지 나를 향해 직접적으로 그렇게 초점이 맞추어진 적은 없었는데 여행 사건 이후엔 아주 힘들어졌죠. 회사는 짐의 팀원 모두를 승진시켰어요. 나만 빼놓고! 그 때 나는 이력서를 새로 써야할 시간이 되었다는 걸 알았어요.

모두가 위에서 말한 것 같지는 않을 것이다. 때때로 소규모 사무실이 직장연애에 유리할 수도 있다. 그렇다고 켈리의 행동을 눈감아 주는 것은 아니다.

자판기 고백 

떠나는 방법

회사를 떠나기로 결심했다. 직장 상사들이 연애 중인 두 사람 모
두 회사에 남아 있는 꼴을 견디지 못할 것이 뻔한 상황이라 여겨 결
심을 한 것이다. 그게 아니라면, 누가 뭐라는 것은 아니지만 아무리
생각해도 자신이 떠나는 것이 훨씬 낫다는 것을 깨달아서 그랬을 수
도 있다. 어찌되었든 하루 종일 서로의 얼굴을 마주하지 않는 것이
더 나을거라 여겨 그런 결정을 내렸다면 아주 잘한 일이다.

회사를 떠나면 당장은 상실감이 들 수 있다. 그러나 삶에서 무언
가를 잃을 때는 부수적으로 얻는 것도 있다는 것을 염두에 두는 것이
좋다. 지금과는 다른 꿈이나 직업적인 목표가 생겨날 수 있기 때문이
다. 삶을 되돌아볼 계기를 갖는 것은 누구에게나 중요하다. 이직의
기회를 인생의 전환점으로 삼으면 마음을 다스리는데 아주 좋을 것
이다.

함께 일하기로 결심했다면, 어떻게 하면 남을 수 있을까?

이에 따르는 방법으로는 실전을 겪은 사람에게 배우는 것이 가장 좋을 것 같다. 티나의 경우를 한번 살펴보자.

자판기 고백 

"나는 규모가 제법 큰 바이오테크 회사에서 제조업에 종사하고 있습니다. 개리가 내 부서에 들어왔을 때 나는 아주 신중했어요. 하지만 동시에 호기심이 일었어요. 그러다 우연히 내가 먼저 다가가게 되었어요. . 청결한 작업환경이 중요한 곳이어서 우리는 모두 흰색 점퍼를 입고 일했는데 그 사람에게서 나는 향기가 정말 좋았어요. 그래서 그에게 '향기가 참 좋은데요.' 하고 말했어요. 나는 전에 그런 이야기를 해본 적이 없었고 직장 동료에게는 더욱 그랬죠. 그 순간부터 우리는 서로에게 친근감을 느꼈어요. 그로부터 1주일쯤 지나 우리는 신중하게 데이트를 시작했는데 동료들이 눈치채지 못하게 했답니다. 우리는 모두 아시아 출신이에요. 아시아 문화권에서는 이런 일에 아주 조심스럽습니다. 우리는 복도에서 계속 마주쳤어요. 그건 정말 하나의 투쟁 같았어요. 고생스러웠지요. 마침내 누군가가 말하더군요. 우리가 데이트 하는 것을 다 알고 있다고. 그때부터는 더 이상 숨길 수 없었어요. 하지만 그곳에는 하나의 정식 절차가 있었어요. 당시 회사 분위기는 직원들끼리 손을 맞잡는 것을 도저히 눈뜨고 보지 못했거든요. 우리는 결혼했지만 다른 부서로 옮겨가야 했어요. 하지만 우리는 여전히 같은 회사에서 근무하고 있답니다. 회사에서 조심스레 연애하던 습관이 남아서인지 결혼한지 15년이나 되었지만 우리는 여전히 애정표시를 잘 하지 않아요."

직장 커플의 경우 자신의 애인이 경리과장과 사이가 좋지 않다는 이유로 자신도 경리과장을 무시해서는 안된다. 둘의 싸움에서 멀찌기 떨어져 있을 수 없다면, 이것을 이력서를 새로 써야 할 시간이 되었다는 하나의 신호로 받아들는게 좋을 것이다.

1990년. 유부남, 유부녀 〈뉴욕타임스〉 기자들인 니콜라스 크리스토프(Nicholas Kristof)와 셰릴 우던(Sheryl WuDunn)은 중국 천안문 광장에서의 민주화운동에 대한 취재로 퓰리처상을 공동 수상했다. 그들은 저널리즘에서 퓰리처상을 받은 첫 번째 결혼 커플이었다.

마찬가지로 사적인 말다툼은 집에서 해야 한다. 둘 사이에 논쟁거리가 있다 할지라도, 그것을 직장 내 절친한 친구에게 누설하지 않는게 좋다. 좋은 소식이라 할지라도 마찬가지이다. 함께 멋진 식사를 준비하다가 결국 황홀한 잠자리로 이어졌다는 따위의 잡담은 결코 하지 않는게 좋다.

함께 점심을 먹거나 커피타임을 갖는 것은 괜찮다. 그러나 매일 그렇게 하지 않는게 좋다. 사적인 교제를 위해 직장 동료와의 스케줄을 엉망으로 만들면 동지들이 적으로 돌변할 위험이 있기 때문이다.

3부.

세계 어디서나 가능한 관계
글로벌 오피스 메이트

18장.

안 보이면 더욱 보고싶다.

 이런 표현을 사용하면 직장연애
경험이 없는 사람은 이상하게 느껴질 것이다. 그러나 세상의 모든 커
플들과 마찬가지로 직장연인들도 '안 보이면 더 보고 싶은 것' 은 마
찬가지이다.

누군가 한 명이 직장을 떠나야 할 때 아쉬움은 배가 된다. 사랑하는
자가 떠난 자리는 더욱 크고 텅 비어 보인다. 누군가가 그립다는 것을,
그 사람 없이는 살 수 없다는 것을 명백하게 깨닫게 되는 계기가 되어
줄 수 있는 것이다. 마음이 간절한데 안 보면 보고 싶은 것이다.

자판기 고백 

"루크는 내가 회사를 그만두기 몇 달 전부터 그 회사에서 근무하기 시작
했습니다. 나는 웹 프로듀서이고 그는 IT 분야를 담당했지요. 우리가 부
딪히는 시간은 보통 하루 일과가 끝난 후였어요. 직원들 대부분이 젊어서
일이 끝나면 다들 모여 놀았거든요. 우리는 일 끝나고 자주 밖에 나가곤
했어요. 루크는 매력적이었어요. 하지만 그는 내게 전혀 관심이 없었어요.
그게 좀 모욕적이었지만 그는 나보다 거의 10살이나 아래였기에 그냥 그

이와는 다른 이야기들도 많이 있다. 친구들 중 한 명은 직장에서 한 남자와 몇 달 동안 가깝게 지냈다. 하지만 별다른 진전이 없었다. 우연찮게 친구는 다른 회사에 스카우트 제의를 받고 그 사실을 남자에게 알려주었다. 그러자 그가 갑자기 자신의 감정을 털어 놓았다. 그는 둘이 함께 일하고 있는 동안에는 그녀에게 데이트 신청을 하지 않으리라 다짐했었다고 한다. 그런데 그녀가 새로운 직장을 구한 것이다. 이것은 뜻하지 않게 남자로 하여금 고백하게 만든 계기가 되어 주었다.

어떤 말이 더 타당해 보이는가? "눈에 보이지 않으면 마음도 멀어진다." 또는 "만나지 못하면 더욱 애틋하다." 심리학자인 펠리그리니(Robert Pelligrini)에 의할 것 같으면 후자가 더 타당하다고 한다. 720명의 성인을 대상으로 연구해 보았는데 2/3가 후자에 동의했다고 한다. 헤어짐이 강력한 최음제라는 것이다.

이것은 아무런 느낌도 보이지 않는 누군가에게 느낌을 주기 위해 직장을 떠나는 것과는 다르다. 이같은 일은 전혀 의도되지 않은 결과다. 결코 일부러 할 수 없고, 해서도 안 되는 일이다. 행복한 우연에 의해서만 가능한 이야기이다. 댄과 이사벨의 경우처럼.

자 판 기 고 백 

"이사벨과 나는 샌프란시스코에 있는 주간 신문사에서 근무했습니다. 나는 아트 디렉터 부팀장이었고, 그녀는 신입 디자이너였습니다. 상사는 내게 이사벨은 프랑스인이고 영어도 잘 못하니 내가 그녀를 잘 돌봐야 한다고 했어요. 그녀와 나는 서로 공통점이 없었어요. 나는 몬타나의 소도시 출신이었고 이사벨은 파리에서 온 울랄라 멋쟁이였어요. 그 때 나는 24살이었고 그녀는 27살이었어요. 서로에게 별 공통점이 없는 상태였죠. 우린 아무런 사이도 아니었습니다. 어떤 욕망도 비밀도 없었지요. 우리는 모두 젊었고 둘 다 대학 졸업 후 첫 직장이었어요. 회사는 매우 바쁘게 돌아갔고 직원들은 각양각색이었어요. 그들 틈에서 같이 어울리다보니 이사벨과 나는 친구가 되었어요. 그 무렵 내게는 여자 친구가 있었어요. 여자 친구는 소련학을 전공했고 어쩌다보니 모스크바에서 일을 하게 되었어요. 나는 직장을 떠나 그녀를 따라갔는데 몇 개월 만에 관계가 깨졌어요. 나는 계속 머물기로 결심하고 그곳에 회사를 차렸어요. 모스크바에서는 마케팅 트레이닝, 컴퓨터 트레이닝을 잘하는 사람이 없었어요. '이 일을 잘해낼 사람이 누가 있을까? 외국에서 살려는 사람이 있을까?' 생각하다가 이사벨에게 전화를 걸어 나와 함께 일하면 좋겠다는 뜻을 전했지요. 내가 나서서 이사벨이 살 아파트를 구해주었어요. 내가 살던 아파트보다 훨씬 더 멋졌지요. 3주 만에 이사벨이 모스크바에 '짠' 하고 나타났어요. 공항으로 그녀를 마중 나가면서 나는 깨달았어요. 그녀를 보게 되어 너무 행복하다는 것을. 이사벨이 공항에 도착하는 순간, 우리가 결혼할 것 같은 느낌이 들더군요. 나중에 그녀가 말하더군요. 자기도 그랬다고. 비행기에 오르기 전에 그녀도 그런 예감이 들었다고 하더군요. 비행기에서 내리자마자 그녀는 내가 아직 혼자인지부터 확인했어요. 그날 밤을 우리는 함께 보냈습니다. 뒤돌아보니 어쩌면 내게 감추어진 동기가 있었는지 모르겠어요. 그녀에게 전화를 걸었을 때는 깨닫지 못했지만요. 하지만 내가 그녀의 상사이기에, 함께 일하는 것은 좋지 않다는 생각이 들었어요. 이사벨도 나랑 같이 일하지 않는 게 좋겠다고 하더군요. 그래서 몇 주 후 그녀는 인근의 다른 회사로 직장을 옮겼어요. 그곳에서도 사람을 급히 구했거든요. 우리는 이사벨의 아파트로 합쳤어요. 그리고 그곳에서 5년을 살았습니다. 우리는 프랑스에서 결혼식을 올렸고, 지금은 샌프란시스코로 돌아와 두 딸을 키우고 있답니다."

직장을 떠날 때는 그럴만한 이유가 있다. 더 나은 지위를 찾거나 더 많은 월급을 받기 위해, 혹은 가족과 시간을 보내기 위해 떠나는 것이다. 드물지만 사랑의 결말을 위해 떠나기도 한다.

'만나지 못하면 더욱 애틋하다' 는 말은 맞지만 늘 그런 식으로 사랑을 찾을 수는 없다. 몇 번이나 되풀이해 말하지만 그건 어쩌다가 일어날 뿐이다.

● 직장연애의 역사 ●

1992년. 〈뉴욕타임스〉는 웨딩 페이지에 매우 대중적인 칼럼을 시작했다. 일주일에 한 커플씩 연애 풀 스토리를 실었는데 그들이 어떻게 만나고, 어떤 장애를 극복했는지 로맨스에서의 재미난 일화를 소개했다. 이 칼럼을 통해 직장에서 만난 커플들이 엄청나게 많다는 것이 드러났다.

칼럼의 주인공들 중 한 커플에 유난히 관심이 갔다. 그들은 3년 동안 어두컴컴한 편집실에서 함께 일했다. 그들은 절친한 친구가 되었다. 그들은 남자가 새로운 직장을 잡을 때까지 사랑에 빠지지는 않았다. 나중에 그들은 함께 밤을 보냈다. 눈 내리는 밤이었다. 그들은 눈싸움을 시작했다. 남자는 여자의 손을 잡았다. 그들은 눈밭을 뒹굴었다. 어느 순간 둘은 달콤한 키스를 나누었다. 그들은 1년 반 동안 사귀었다. 그러다 헤어졌고 각자 일에 푹 빠져 지냈다. 따로 떨어져서 일을 하다가 문득 서로가 서로를 얼마나 그리워하는지 깨닫게 되었다. 그들은 다시 합쳤다. 그들이 결혼한 날, 눈이 내렸다.

예전에 다니던 직장을 떠올려 보라. 아직도 그 곳에서 일하고 있는 이성 친구가 있는가? 여전히 싱글인 사람이 있는가? 그들 중 맘에 들었던 사람이 있는가?

있다면 한번 전화를 걸어보기 바란다. 만나서 술 한 잔 하는 것도 좋다. 둘이서 혹시라도 불꽃이 튈지 알 수 없다. 만약 불꽃이 일지 않는다 할지라도 업무적으로 계속 연락을 취하면 좋을 것이다. 누이 좋고 매부 좋은 일이다.

19장.

우리 회사에는 연애의 **가능성**이 없다.

▶ **20대의 여교사들과** 60대의 여교장이 전부인 보육원에서 근무하고 있다.

▶ 다섯 명의 유부남 직원들과 함께 원룸 사무실에서 마케팅 일을 하고 있다.

▶ 꽃집에서 일한다.

직원들은 모두 멋진 사람들이다. 남자도 있고 여자도 있다. 대부분이 젊고 스타일도 좋다. 하지만 아무런 섬씽도 일어나지 않는다. 직선으로, 사선으로 혹은 곡선으로 시선이 부딪힐 때마다 연애의 불꽃이 사방으로 튀어야 마땅하지만 전혀 그렇지 못한 곳이 있는 것이다.

반대로 남자라고는, 혹은 여자라고는 구경도 하기 힘든 곳에서 하루종일 죽을 끓이듯 국을 끓이듯 반복적인 일을 하는 사람들이 있다. 그들은 어느 한군데 산뜻한 시선으로 쳐다볼 곳 없이 연애의 가능성이 제로인 상태로 일하고 있다. 그럼에도 불구하고 그들은 우연히 들른 누군가와 사랑에 빠져버리곤 한다. 남자들만 있는 군대 면회장에서 오빠를 면회 온 어느 여동생과 눈빛이 찌르르 오가 편지를 주고받을 수 있는 것이다.

이 세상에는 직장연애가 전혀 불가능할 것 같은 수많은 직장이 있다. 그러나 자신이 일하는 곳이 사무실이 아니라 할지라도, 방에 달랑 책상 하나 놓고 일하고 있다 할지라도 일을 통해 사랑을 찾을 가능성은 존재한다.

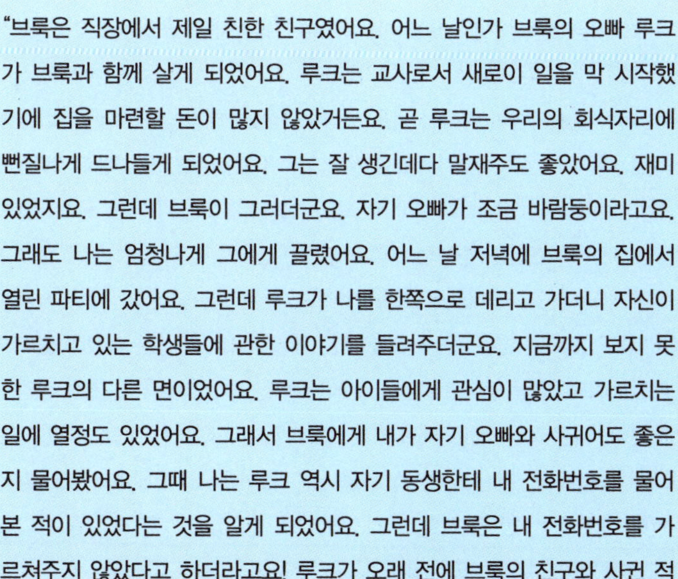

자판기 고백

"브룩은 직장에서 제일 친한 친구였어요. 어느 날인가 브룩의 오빠 루크가 브룩과 함께 살게 되었어요. 루크는 교사로서 새로이 일을 막 시작했기에 집을 마련할 돈이 많지 않았거든요. 곧 루크는 우리의 회식자리에 뻔질나게 드나들게 되었어요. 그는 잘 생긴데다 말재주도 좋았어요. 재미있었지요. 그런데 브룩이 그러더군요. 자기 오빠가 조금 바람둥이라고요. 그래도 나는 엄청나게 그에게 끌렸어요. 어느 날 저녁에 브룩의 집에서 열린 파티에 갔어요. 그런데 루크가 나를 한쪽으로 데리고 가더니 자신이 가르치고 있는 학생들에 관한 이야기를 들려주더군요. 지금까지 보지 못한 루크의 다른 면이었어요. 루크는 아이들에게 관심이 많았고 가르치는 일에 열정도 있었어요. 그래서 브룩에게 내가 자기 오빠와 사귀어도 좋은지 물어봤어요. 그때 나는 루크 역시 자기 동생한테 내 전화번호를 물어본 적이 있었다는 것을 알게 되었어요. 그런데 브룩은 내 전화번호를 가르쳐주지 않았다고 하더라고요! 루크가 오래 전에 브룩의 친구와 사귄 적이 있었는데 그 때 안 좋게 끝났대요. 그래서 브룩은 오빠에 대한 감정이 안 좋았던 거예요. 어쨌든 우리의 첫 번째 데이트는 11시간 동안 지속되었어요. 그는 내가 꿈꾸었던 남자였어요. 루크는 다른 남자들과 달랐어요. 여자의 마음을 이해하고 배려해주었지요. 두 번째 데이트를 하던 날 그가 말하더군요. 자신이 나랑 결혼할 것을 알고 있다고요. 그는 6개월 후에 프러포즈 했어요. 하지만 브룩과는 한 동안 서먹서먹하게 지냈어요. 브룩은 동료였고 친한 친구였어요. 그런데 내가 브룩의 오빠와 얽히는 바람에 복잡한 관계가 되는 거잖아요. 나는 브룩에게 가서 우리 사이에 어떤 일이 일어나든 우린 여전히 친구라는 점을 분명히 했어요. 다행스럽게도 나와 루크는 그저 불장난에 그치지는 않았어요."

자 판 기 고 백 

"나는 작곡가여서 기타 줄을 사느라 악기점에 자주 들릅니다. 어느 날인가 평소처럼 악기점에서 어슬렁거리며 이것저것 건성으로 뒤적이고 있는데 닉이라는 사람이 나타나 나를 도와주더군요. 내가 그에게 뭔가를 물어봤을 때 그가 갑작스레 내 말을 막으며 '여긴 너무 산만해요. 커피 한 잔 하면서 이야기할래요?' 하더군요. 나는 이미 그곳의 다른 판매원들로부터 데이트 신청을 받았던 경험이 있었지만 한 번도 응한 적이 없었고 닉에게도 마찬가지 태도를 보여주었어요. 닉은 집요했어요. '내일 저녁은 어때요? 토요일 밤은요? 월요일 밤은 괜찮겠어요?' 나는 마침내 좋다고 대답했어요. 일단 좋다고 대답하고 약속을 잡으니 그 남자가 계속 생각나더군요. 다음 날 화장을 예쁘게 하고 그 가게에 다시 갔어요. 그리고 필요한 물건을 몇 개 샀지요. 그 다음 날도 갔어요. 닉이 말하더군요. 당장 밖에 나가 커피 한 잔 하자고. 하지만 나는 월요일 저녁까지 그를 기다리게 만들었어요. 그날 그가 말하더군요. 첫눈에 반했다고!"

아무리 생각해도 자신의 직장에 별다른 연애의 가능성이 없다면 사랑을 찾을 수 있는 몇 가지 다른 방법들을 참고로 하길 바란다.

▶ 대기업에 다니는 당신 친구와 함께 점심 약속을 잡는다. 그녀의 회사 구내식당에서 점심을 먹어라.

▶ 다음 주에도 다시 그렇게 하라.

▶ 직장인 모임에 가입해 적극적으로 참여하라.

▶ 지금보다 좀 더 규모가 큰 비슷한 자리에 취직할 수 있는지 면접을 보라.

▶ 퇴근 후 친구와 만나 가벼운 술자리에 참석하라. 그녀의 회사 동료들과 함께, 그렇게 반복해봐라.

우리의 글로벌 공동체는 세상을 다 포함하고 있다. 자신의 사무실뿐 아니라 주변의 모든 사무실들, 그리고 마을 공동체의 기능을 담은 직장인 공동체 모임 등이 있다. 누구나 거기에 낄 수 있다. 좋은 짝을 찾고 있다면 가능성을 확장시켜야 한다.

우리가 논의했던 직장이라는 공동체의 로맨틱한 장점들을 활용하기 위해 극단적이 될 필요는 없다. 사랑을 위해서 억지로 그렇게 할 필요는 없다. 일을 하다가 어느 방향에서든 로맨스가 삶을 덮쳐온다면 기꺼이 그 행운을 누리라는 것이다.

"로버트와 나는 마이애미에서 열린 컨퍼런스에서 만났습니다. 로버트는 파리 지점에서 왔고, 나는 포틀랜드 지점에서 왔지요. 우리는 회사에서 같은 직책이었어요. 대강당에는 500명 이상이 참석하고 있었지만 우리 둘이 자꾸 눈이 마주쳤어요. 그럴 때마다 서로 미소를 지어보였어요.

컨벤션 마지막 날 밤, 우리는 정식으로 인사를 나누었습니다. 나는 고등학교 때 배운 엉성한 프랑스어로 말했고 그 남자는 영어로 말하려고 진땀을 흘리더군요. 대화를 통해 우리 둘 모두 스노보드를 엄청 좋아한다는 사실을 알았지요. 그 남자는 나보고 프랑스령 알프스로 함께 스노보드 타러 가자고 하더군요. 나는 이미 휴가를 다 써버렸다고 그에게 말했어요. 그 남자는 내 말을 거절의 뜻으로 받아들이는 것 같았어요. 우리에게는 아무런 일도 없었어요. 우리는 전화번호를 주고받지도 않고 서로 연락도 하지 않았어요.

그로부터 거의 1년이라는 시간이 흘러갔습니다. 그런데 로버트의 고객 한 명이 내 고객의 도움을 필요로 하는 일이 생겨 로버트가 이메일을 보내왔어요. 그의 이름을 보자 왠지 심장이 뛰었어요. 나는 회사 시스템으로 로버트의 프로필을 살펴보았어요. 이 남자가 그 때 그 남자라는 걸 확인하고는 그에게 프랑스어로 편지를 썼어요. '날 기억하고 있나요? 언제 스노보드 타러 갈래요?'

며칠 후 그가 답장을 보내왔어요. 우리는 프랑스에서 함께 스노보드 타는 것에 대해 이야기를 나누었어요. 다음 번 세일즈 컨벤션에서 미팅이 있던 첫째 날, 우리는 함께 스노보드 타기로 약속을 잡았어요. 첫눈에, 거기에는 흥분과 불가사의한 힘이 있다는 걸 알았어요. 하지만 우리는 기분대로 행동하지는 않았어요. 동료들의 눈이 있었으니까요. 6개월 후, 우리는 프랑스에서 밤새도록 스노보드를 탔어요. 그로부터 줄곧 다정한 커플이 되었답니다."

20장

그 후로 영원히 행복하게 살았는가

인간은 오랜 세월 동안 남녀가 만나 연애를 하고 결혼을 하는데 주위의 모든 사람들이 도움을 주는 공동체에 모여 살았다. '마을'이라는 공동체에는 수많은 사람들이 양쪽 모두를, 양가의 가족과 조상들까지 잘 알고 있었다. 처녀 총각들은 가족과 이웃의 도움을 얻어 사랑을 찾고 결혼을 했다.

공동체에서 결혼한 대부분의 사람들은 비슷한 배경을 갖고 있었고, 삶에 대해 비슷한 생각들을 지니고 있었다. 그들은 첫 키스를 나누기 전, 미래의 파트너 또는 그 가족에 대해 충분히 알 수 있었다.

장래의 짝을 찾는데 마을 같은 공동체는 과거에나 필요한 곳으로 여겼을 것이다. 요즈음 사람에게는 아무 쓸모가 없다고 생각했을 것이다.

오늘날의 직장은 과거의 공동체와 유사하게 구성되었다. 직장 사람들은 동료의 능력과 평판을 알고 있다. 그들의 장점과 단점을 충분히 판단할 수 있는 것이다. 직장인들은 서로에 대해 자세하게 알 수 있는 시간을, 차분하게 로맨틱한 결정을 할 수 있는 시간을 갖고 있는 것이다.

직장에서 사랑을 찾으면 공동체 의식과 파트너십을 별도로 구축하지 않아도 된다. 그러나 사랑이 쉽지 않듯 직장에서의 연애에도 갖은 어려움이 따른다.

그렇다고 무조건 망설일 필요는 없다. 일하러 가서 소중한 사람도 찾을 수 있다면 굳이 모른 척 할 필요가 없다. 운명의 짝이다 싶은 사람이 나타나면 그곳이 어디든 무수한 눈길의 그물망을 헤치고 이루어내야 하는 것이다.

우리에게는 그 무엇에 앞서 행복해질 권리가 있다. 인생에 있어 사랑보다 앞서는 것은 없다. 지금 사무실 책상 앞에서 손에 들고 있는 것이 나중에 쓴 잔으로 판명난다 할지라도, 진심어린 사랑이라면 입 속에 털어넣는 것을 망설이지 말길 바란다.

스테파니와 히레인